무릎으로 드리는
자녀축복
기도

지은이 **박예원**은,
하나님이 주신 축복의 열매로 사랑스런 두 딸과 아들 하나를 두었다.
믿음의 반석 위에 세운 가정이야말로 자녀를 위한 최고의 교육 환경이라고 생각하는 저자는 자녀와 함께 매일 아침 성경말씀을 묵상하며 하루를 시작한다. 또한 소중한 자녀들에게 세세토록 물려줄 영적 유산을 남기게 해달라고 매일 밤 무릎을 꿇고 기도한다. 때로 자녀가 큰 잘못을 저질렀다 하더라도 세상의 말로 정죄하고 훈계하는 대신 사랑으로 다스리기 위해 기도를 선택하는 기도 최우선주의 어머니이다.

무릎으로 드리는 자녀 축복 기도

2008년 10월 20일 초판 1쇄 발행
2024년 01월 15일 초판 25쇄 인쇄

지 은 이 | 박예원
펴 낸 이 | 황성연
펴 낸 곳 | 도서출판 청우
등록번호 | 제 2001-000055호
주 문 처 | 하늘물류센타
주　　소 | 경기도 파주시 광탄면 혜음로 883번길 39-32
전　　화 | (031) 947-7777 | 팩스 (0505) 365-0691
I S B N | 978-89-85580-84-7 03230

이책은 저작권법에 의해 보호를 받는 저작물이므로 무단전재 및 복제를 금합니다. 잘못 만들어진 책은 구입하신 서점에서 바꾸어 드립니다.

책 값은 뒤표지에 있습니다.

무릎으로 드리는
자녀축복 기도

| 박예원 지음 |

청우

c.o.n.t.e.n.t.s

책을 펴내며 … 8
이 책의 효율적 활용법 … 12

1부 ✽
리더십 성장을 위한 기도 … 14

섬김의 사람이 되게 하옵소서 16 | 용기 있는 사람이 되게 하옵소서 18 | 먼저 모범을 보이게 하옵소서 20 | 긍정적인 태도를 갖게 하옵소서 22 | 좋은 만남의 축복을 주옵소서 24 | 혀를 잘 길들이게 하소서 26 | 결단력 있는 사람이 되게 하소서 28 | 주의 도구로 사용하여 주소서 30 | 유머 감각 있는 자녀 되게 하소서 32 | 좋은 습관을 갖게 하소서 34 | 느헤미야를 닮게 하소서 36 | 다윗을 닮게 하소서 38 | 에스더를 닮게 하소서 40 | 첫 번째 자녀축복 *key word* 리더십(leadership) 있는 아이로 키우자 42

2부
꿈과 비전을 위한 기도 ... 44

창조적인 사람이 되게 하옵소서 46 | 재능을 잘 계발하게 하소서 48 | 꿈꾸는 사람이 되게 하옵소서 50 | 자존감을 세우게 하옵소서 52 | 삶의 방향이 올바르게 하소서 54 | 일상의 축복을 감사합니다 56 | 방학을 잘 활용하게 하소서 58 | 자기 자신을 사랑하게 하소서 60 | 승리의 삶을 살게 하소서 62 | 후회 없는 인생을 살게 하소서 64 | 요셉을 닮게 하옵소서 66 | 두 번째 자녀축복 *key word* 미래를 꿈꾸는 아이로 키우자 68

3부
인격 성숙을 위한 기도 ... 70

온유한 사람으로 만들어 주옵소서 72 | 정직한 사람이 되게 하옵소서 74 | 인내심을 길러 주소서 76 | 사랑이 넘치는 사람이 되게 하옵소서 78 | 겸손한 사람이 되게 하옵소서 80 | 용서하는 사람이 되게 하옵소서 82 | 약속을 잘 지키는 사람이 되게 하소서 84 | 책임감 있는 사람이 되게 하소서 86 | 디모데처럼 되게 해주세요 88 | 세 번째 자녀축복 *key word* 신앙적으로 올바른 인격을 갖게 하자 90

contents

4부
지혜를 구하는 기도 ... 92

열심 있는 자가 되게 하옵소서 94 | 분명한 목표를 주옵소서 96 | 책을 가까이 하는 자녀가 되게 하옵소서 98 | 사고의 깊이를 넓혀 주옵소서 100 | 음식을 균형 있게 섭취하게 하옵소서 102 | 배움의 즐거움을 알게 하옵소서 104 | 집중력을 허락하여 주옵소서 106 | 시험을 잘 준비하게 하소서 108 | 시간을 잘 관리하게 하소서 110 | 키가 자라고 지혜가 자라게 하소서 112 | 사랑의 채찍임을 깨닫게 하소서 114 | 솔로몬을 닮게 하옵소서 116 | 주의 이름으로 축복합니다 118 | 네 번째 자녀축복 *key word* 지혜로 양육하라 120

5부
치유와 안전을 위한 기도 ... 122

화평의 사람이 되게 하옵소서 124 | 정결한 사람이 되게 하옵소서 126 | 분별력 있는 자녀가 되게 하옵소서 128 | 치유하여 건강하게 하소서 130 | 소금의 역할을 다하게 하소서 132 | 보혈의 능력으로 붙들어 주소서 134 | 마음의 평안을 주소서 136 | 강하고 담대하게 하옵소서 138 | 다니엘을 닮게 하소서 140 | 다섯 번째 자녀축복 *key word* 유태인의 자녀교육 142

6부
영적 성숙을 위한 기도 ... 144

주님과 동행하게 하옵소서 146 | 기쁨의 사람이 되게 하소서 148 | 복 있는 사람이 되게 하옵소서 150 | 빛의 자녀로 살게 하옵소서 152 | 주님을 영접하고 의지하게 하옵소서 154 | 주님께 가까이 다가서게 하옵소서 156 | 감사의 삶을 살게 하소서 158 | 죄악을 멀리하게 하소서 160 | 모세를 닮게 하소서 162 | 예수님을 닮게 하옵소서 164 | 여섯 번째 자녀축복 *key word* 자녀의 영적 성숙을 위한 일곱 가지 조건 166

7부
믿음의 자녀를 위한 기도 ... 168

기도의 용사가 되게 하옵소서 170 | 말씀으로 충만케 하소서 172 | 순종하게 하소서 174 | 믿음의 사람이 되게 하옵소서 176 | 성령 충만하게 하옵소서 178 | 주의 보좌 앞에 나아가게 하옵소서 180 | 남을 함부로 비판하지 말게 하소서 182 | 부모를 공경하게 하소서 184 | 물질을 잘 다스리게 하소서 186 | 축복의 통로가 되게 하소서 188 | 노아를 닮게 하소서 190

| 책을 펴내며 |

사랑의 불씨 '기도'

세상의 모든 부모들은 한결같이 자식이 잘 되길 바란다. 나 또한 그 대열에서 예외일 수 없는 평범한 부모 중 한사람이다. 그렇기에 나는 자식을 위해 많은 노력을 하며 살았고 지금도 마찬가지다. 자녀를 양육하는 일은 쉽지 않은 일이다. 자식을 위해 부모로서 무엇인가를 한다는 것. 그것은 그리 간단한 문제가 아니다. 내가 겪은 일련의 시행착오 또한 처음 자식을 낳은 후 부모 역할에 초보일 수밖에 없는 세상의 모든 부모들이 겪는 어려움이기도 했다.

잘 되리라고 믿었던 교육이 내 의도와는 다르게 반대의 결과로 나타나거나, 애초에 세운 계획과 상관없이 수포로 돌아갈 때가 더 많았다. 때로는 사랑으로 건넨 말이 잔소리가 되어 돌아왔고, 참을성 없는 성품으로 인해 화부터 내는 때가 더 많았다. 심지어 타이르고 이해시키기보다 매로 다스리는 쉬운 방법을 택해서 서로 상처받고 갈등만 깊어졌다. 그래서 많은 기도와 고민 끝에 이대로는 안 되겠다는 생각을 하게 되었다. 나는 과감히 내 방식을 버리고 새로운 선택을 하기에 이르렀다. 먼저 아이들을 대할 때 말과 태도에서 이전과 달라진 내 모습을 보여주기로 했다.

꾸지람보다는 진심이 전해지는 기도로 축복하며 격려했다. 그런데 얼마 후 놀라운 일이 생겼다. 아이쪽에서도 태도를 바꾸어 눈에 띠게 노력하는 모습을 보이기 시작한 것이다. 말로 가르치려 할 때보다 훨씬 효과가 빨랐다. 시간이 지날수록 아이는 좋은 방향으로 변화되어 갔다. 그리고 결국에는 내가 원하던 모습으로 긍정적인 발전을 보여주었다.

참으로 기도의 위력은 놀라웠다. 하나님의 역사하심은 우리 인간으로서는 추측할 수도 없을 만큼 경이롭기 그지없었다.

부디 이 작은 책이 기도의 씨앗이 되어 큰 하나님의 축복으로 피어나길 바란다.
그래서 우리 자녀들이 모두 하나님의 선한 도

구로 아낌없이 쓰임받기를 소원한다.

더욱 더 방황하고 아픈 자녀들로 인해 탄식하고, 매일 눈물로 기도하는 많은 부모들에게 이 책이 위로가 되고 사랑이 되어지길 희망한다.

그리하여 낮고 어두운 곳에서 고통받는 모든 사람들에게 치유의 기적을 보여줄 수 있게 되기를, 불신자들이 놀라운 하나님의 은혜를 체험하고 구원받을 수 있게 되기를 간절히 기도드린다.

　지금도 소중한 가정을 지키기 위해 무릎 꿇고 눈물로 기도하는 세상의 모든 어머니들에게 이 책을 바친다.

이 책의 효율적 활용법

1. 책 읽듯 읽지 않고 한자 한자 마음에 새겨 정성을 담아서 기도한다

2. 자녀를 위하여 매일 1회 이상 축복하며 기도한다

3. 기도문 아래에 기도 일자를 기록한다

4. 한 가지 주제에 치우치지 않도록 한다

5. 기도문 외에 개인적인 사항들을 메모하여 기도한다(아래)

6. 부모가 먼저 기도하는 습관으로 본을 보인다

7. 반드시 응답됨을 믿고 끈기 있게 기도한다

8. 기도 주제와 관련된 성구를 참고하면서 묵상한다

9. 자녀를 위한 기도 일지에 변화된 내용을 기록한다

10. 일회적으로 끝내는 것이 아니라 계속해서 되풀이해 반복 기도를 드린다

1부
리더십의 성장을 위한 기도

느헤미야가 개인의 성공과 출세에 안주하지 않고
나라를 위해서 밤낮으로 기도하며
불가능하게 보이는 성벽 재건을 위해서 혼신을 다한 것처럼
○○이도 주어진 일에 믿음을 가지고 최선을 다하게 하옵소서
느헤미야가 꿈을 이루기까지
적들과 동역자들의 비웃음을 참아내고 포기하지 않은 것처럼
우리 ○○이가 어려움을 당할 때에도
주님만을 바라보게 하옵시고 낙심하지 말게 하옵소서

느헤미야가 이스라엘 백성들에게 강력한 리더십을 발휘한 것처럼
우리 ○○이에게 리더십 역량을 더 하여 주시고
주님의 능력을 갑절로 부어 주옵소서

섬김의 사람이
되게 하옵소서

> 그는 근본 하나님의 본체시나 하나님과 동등됨을
> 취할 것으로 여기지 아니하시고 오히려 자기를 비워
> 종의 형체를 가지사 사람들과 같이 되셨고(빌 2:6)

온 우주를 창조하시고 다스리시는 높으신
주님을 찬양합니다
낮고 천한 인간의 모습으로 오셔서
저희를 위해 치유와 구원의 은혜를 베풀어 주신
주님 감사합니다

우리 ○○이가 주님을 닮아
부자와 건강한 자 보다는
가난하고 병든 자들을 가까이 하게 하시고
어려운 이웃을 먼저 생각하는
자녀가 되게 하옵소서
고통 받고 절망에 빠진 자에게

소망과 용기를 북돋아 주는 자녀가 되게 하옵시고 주님을 본 받아 나누고 베풀며 섬기는 자녀가 되게 하옵소서

제자들의 발을 씻기신 주님
우리 ○○이가 섬김을 받기 보다는 먼저 이웃을
섬기는 종의 도를 본받게 하옵소서
주님께서 우리 ○○이를 높여 주실지라도
거드름을 피우지 않고
낮아지고 겸손한 사람이 되게 하시고
지혜를 주실지라도 교만하지 않고 선하게 사용하게 하옵소서
모든 영광을 주님께만 돌리게 하옵소서

예수 그리스도 이름으로 기도 드립니다 아멘.

용기 있는 사람이 되게 하옵소서

> 너는 칼과 창과 단창으로 내게 나아오거니와 나는 만군의
> 여호와의 이름 곧 네가 모욕하는 이스라엘 군대의
> 하나님의 이름으로 네게 나아가노라 (삼상 17:45)

나의 힘이 되신 여호와여
내가 주를 사랑 하나이다
주여 사랑하는 우리 ○○이가 용기 있는 사람이
되게 하옵소서
하고자 하는 일을 시작하기도 전에
안 되리라 단정하며 미리 포기하는
부정적인 생각을 버리게 하옵시고
하면 된다는 긍정적인 생각으로
담대히 실천하는 용기를 주옵소서

골리앗을 보고 이스라엘 백성들은 두렵고
떨리므로 어찌할 바를 몰랐지만

다윗은 불가능을 가능케 하시는 하나님임을 믿고 용기를 가지고 나아가 승리를 쟁취하였습니다. 다윗처럼 ○○이에게도 담대함과 용기를 더 하여 주옵소서

잘난 척하고 거만하지 않게 하시고
진정한 용기는 하나님의 뜻 안에서 계획한 것을 실천하며 나아갈 때
불의를 기뻐하지 않으며 낮은 자를 배려할 줄 아는 사람임을 알게 하옵소서
우리 ○○이가 사소한 것 때문에 큰일을 그르치는 일이 없도록 용기와 대범함을
허락하여 주옵소서

예수 그리스도 이름으로 기도 드립니다 아멘.

먼저 모범을
보이게 하옵소서

> 범사에 여러분에게 모본을 보여준 바와 같이
> 수고하여 약한 사람들을 돕고
> (행 20:35)

이 세상이 시작되기 전부터 계시고
영원까지 존재하신 하나님을 찬양합니다
우리 ○○이가 모든 일에 적극적이고 능동적인
자녀로 성장하게 하옵소서

자신이 감당해야 할 일들을 남에게 미루지 아니
하며 누가 시키지 않아도 일을 찾아서 처리하며
모범을 보이는 ○○이가 되게 하옵소서
남보다 먼저하되 드러나길 좋아하는 사람이
되지 않게 하시고
항상 분별력이 있고 계획성 있는 자녀가 되게
하옵소서

가치 있는 일을 하되 다른 사람의 동의를
이끌어낼 수 있는
설득력과 리더십을 허락하여 주옵소서
자신의 이익만을 추구하는 자가 아니라
이웃을 먼저 생각하는 자녀가 되게 하옵소서
언제 어디서나 하나님을 의식하며
주님의 말씀을 순종하므로 열매 맺는 ○○이가
되게 하옵소서
어렵고 힘이 들더라도 주님이 기뻐하신
일이라면 마다하지 않게 하시고
끝까지 최선을 다하게 하옵소서

예수 그리스도 이름으로 축복하며
기도 드립니다 아멘.

긍정적인 태도를 갖게 하옵소서

> 예수께서 이르시되 할 수 있거든이 무슨 말이냐 믿는 자에게는 능히 하지 못할 일이 없느니라 하시니 (막 9:23)

능치 못하심이 없으신 전능하신 하나님
주님의 긍휼하심과 인자하심을 감사드립니다
우리 ○○이가 내게 능력 주시는 자 안에서
내가 모든 것을 할 수 있다는 말씀에 의지하여
긍정적인 자세를 가질 수 있도록 그 시야를
열어 주옵소서

뒤로 물러가면 내 마음이 저를 기뻐하지 않으리라고 말씀하신 주님 우리 ○○이가 어렵고 힘들더라도 결단코 포기하지 않게 하옵소서
열두 정탐꾼 중에서 하나님께 인정받은
여호수아와 갈렙을 본받아

저들은 우리의 밥이다 라는 긍정적인 자세와
믿음의 눈을 가진 자녀가 되게 하옵소서

환경과 여건은 똑같지만 마음 자세에 따라
결과는 너무나 엄청난 차이가 있음을
깨닫게 하옵소서
○○이에게 하나님의 관점에서 바라보고
생각하는 4차원의 믿음을 허락하여 주옵소서

너희가 땅에서 매면 하늘에서도 매일 것이요
땅에서 풀면 하늘에서도 풀릴 것이라 하신
천국 열쇠를 잘 활용하는 믿음의 자녀가
되게 하옵소서

예수 그리스도 이름으로 기도 드립니다 아멘.

좋은 만남의
축복을 주옵소서

요나단은 다윗을 자기 생명 같이 사랑하여
더불어 언약을 맺었으며
(삼상 18:3)

만세 만대 전 복중에 태아가 잉태하기도 전에
우리를 아시고 구별하시는 주님 감사 드립니다
우리 ○○이를 주님의 형상으로 빚으사
우리 가정에 보내주심을 감사드립니다

가정에서 사랑 받으며 부모에게 효도하고
형제간에 우애 있게 잘 지내게 하옵소서
○○이가 이제 낯선 환경에 적응하며
새로운 친구를 만나게 됩니다
좋은 친구를 만날 수 있도록 은총을
베풀어 주시옵소서
친구와 함께 꿈과 비전을 나누고

격려할 수 있는 관계가 되게 하옵소서
또한 학교와 교회에서 열정 있고 지혜 있는
스승을 만날 수 있도록 도와 주시옵소서
○○이의 장점을 키워주고 단점을 고쳐 주며
생각의 폭을 넓혀줄 참으로 존경하며 따를 수
있는 좋은 스승과 제자 사이가 되게 하옵소서
영과 육이 성장하면서 만나게 될
이성친구 또한 겉모습 만이 아닌
건강한 마음의 눈으로
그 진심을 알아보게 하시고
서로를 잘 이해하며 사귈 수 있도록
은총을 베풀어 주시옵소서

예수 그리스도 이름으로 기도 드립니다 아멘.

혀를 잘 길들이게 하소서

> 여호와여 내 입에 파수꾼을 세우시고
> 내 입술의 문을 지키소서
> (시 141:3)

말씀으로 천지를 창조하신 하나님을
찬양 드립니다
저희 인간들을 하나님의 모양과 형상대로
지음 받게 하시고
말할 수 있는 특권을 주신 것 감사 드립니다
우리 ○○이를 축복하셔서
입술의 지혜를 주옵소서
혀는 작은 지체지만 큰일을 담당하므로
잘 다스리게 하옵소서
심지어 죽고 사는 것이 혀의 권세에 달렸음을
명심하게 하옵소서

우리 ○○이가 자신의 의견을 우선하기보다
상대의 말을 먼저 경청하게 하시고 듣기는 속히
하되 말하기는 더디 하는 지혜를 주옵소서

입술의 아름다운 말은 은쟁반에 아로새긴
옥구슬처럼 많은 사람을 행복하게 함을
잊지 말게 하옵소서
우리 ○○이가 자신의 생각을 잘 정리하여
전달하는 훈련된 사람이 되게 하옵소서
상대를 판단하고 비판하기보다 장점을
칭찬하며 단점을 격려하는 지혜를 주옵소서
불의를 보고 노하더라도 마음에
오래 두지 않게 하옵소서

예수 그리스도 이름으로 기도 드립니다 아멘.

결단력 있는 사람이 되게 하소서

모든 지킬 만한 것 중에 더욱 네 마음을 지키라
생명의 근원이 이에서 남이니라
(잠 4:23)

영원한 승리의 깃발 되신 주님
우리 ○○이가 결단력 있는 사람이
되게 하옵소서
보통 사람은 준비되지 못한 연고로 결단하지
못해서 기회를 놓치는 경우가 많습니다
우리 ○○이는 부단히 노력하고 준비하여
이런 우를 범하지 않게 하옵소서
준비가 되었어도 결단하지 못하고 망설이고
머뭇거리므로 기회를 잃게 됩니다
우리 ○○이가 하나님의 지혜로 분별하며
결단 할때 주저 말게 하옵소서

하나님의 기쁘신 뜻을 저희로 마음의 소원과
평강으로 인도 하심을 믿습니다
하나님 아버지 우리 ○○이를 붙드시고
인도하셔서
우유부단하거나 남의 눈치만 살피고 요행을
바라므로 실패를 보지 않게 하시고
당당히 실력으로 인정받게 하옵소서
모두들 불가능하다고 말할 때에도
하나님이 원하시고 기뻐하신 일이라면
반드시 이루어짐을 믿고 능치 못하심이 없는
주님을 의지함으로
담대히 나아가게 하옵소서

예수 그리스도 이름으로 기도 드립니다 아멘.

주의 도구로
사용하여 주소서

> 나의 반석이시요 나의 구속자이신 여호와여
> 내 입의 말과 마음의 묵상이 주님 앞에
> 열납되기를 원하나이다 (시 19:14)

사랑 많으신 하나님 오늘도 좋은 하루를
열어 주심 감사드립니다
밝고 맑고 환하게 승리하는 하루가
될 것을 믿습니다
사랑하는 ○○이가 어디서든 쓰임 받는
주의 도구되게 하옵소서

하나님의 말씀과 성령의 능력으로
붙드셔서 복음의 메신저가 되게 하시고
세상의 학문과 지식도 뛰어나게 하셔서
많은 사람에게 유익되게 하옵소서
○○이에게 지혜와 능력을 더 하셔서

국가와 민족을 위하여 크게 쓰임 받게 하옵소서
남과 북이 평화적으로 하나 되는 일에
쓰임 받게 하시고
국가와 기업의 발전에 기여할 수 있도록
하나님의 특별한 은사와 재능을
허락하여 주옵소서
병들고 소외되고 고통 받는 자들의
아픔을 나누는 일에도 쓰임 받게 하옵소서
민족이 온전히 복음화 되는 일과 교회를 든든히
세우는 일에 주의 도구로 쓰임 받도록
성령으로 충만케 하옵소서

예수 그리스도 이름으로 기도 드립니다 아멘.

유머 감각 있는 자녀 되게 하소서

경우에 합당한 말은 아로새긴
은 쟁반에 금 사과니라
(잠 25:11)

기쁨의 근원되신 하나님
우리 ○○이가 유머 감각과 재치가 넘치는
주의 자녀로 새롭게 되게 하옵소서
그래서 많은 사람들에게 기쁨과 행복을
나누어 주는 사람이 되기 원합니다
요즘은 점점 더 바쁘고 힘든 세상이 되었습니다

외롭고 힘들어 하며 쉽게 절망하는 자들에게
예수그리스도로 말미암아 소망을 전할 수 있도록
○○이에게 샘솟는 기쁨과 성령으로
충만하게 하옵소서
하나님 아버지 ○○이 자신이 지치고 어려울 때

여유를 가지며 유머 감각을
잃지 않게 하옵소서
항상 기뻐하라 범사에 감사하라 하셨사오니
좋은 일은 좋아서 기뻐하고 좋지 않는 일은
좋게 될 것을 바라며 기뻐하고 감사하게
하옵소서
○○이가 어느 곳에서나 꼭 필요한 사람이 되게
하시며 그가 속한 곳에서 유머 감각으로
활력을 불어 넣는 리더십을 발휘하게 하옵소서
행복하기 때문에 웃는 것이 아니라 웃기 때문에
행복해질 수 있음을 경험하게 하시고
많은 사람을 행복하게 하는 은혜의 사람이 되게
하옵소서

예수 그리스도 이름으로 기도 드립니다 아멘.

좋은 습관을 갖게 하소서

> 하나님을 따라 의와 진리의 거룩함으로
> 지으심을 받은 새 사람을 입으라
> (엡 4:24)

하나님 아버지
우리 ○○이를 축복하사 좋은 습관을
갖게 하옵소서
먼저 하나님을 경외하고 주님을 찾는 습관을
갖게 하셔서 주님을 닮아가게 하소서

게으름은 일만 악의 뿌리가 됨을 믿사오니
부지런함으로 지혜를 삼아
게으름을 물리치게 하소서
우리 ○○이가 무슨 일을 할 때에
시키는 것만 적당히 하지 말게 하시고
최선을 다하며 자신이 해야 될 일을 찾아서

하는 습관을 들이게 하소서
학생으로서 좋은 공부 습관과
독서의 습관을 갖게 하셔서
지식의 폭을 넓히게 하소서
부모님과 선생님께 공손히 말하는 습관을
갖게 하셔서 예의바른 자녀로 자라게 하소서
선배와 친구 사이에도 존경하는 자세로 임하게
하시고 긍정적인 태도와 경청하는 습관을
들이게 하소서
우리 ○○이가 정리정돈을 잘하게 하시고
물건을 아껴쓰는 습관을 갖게 하소서
남의 것은 사소한 것일지라도 가볍게 여기지
아니하고 소중히 여기는 습관을 갖게 하소서

예수 그리스도 이름으로 기도 드립니다 아멘.

느헤미야를 닮게 하소서

> 우리 이스라엘 자손이 주께 범죄한 죄들을 자복하오니
> 주는 귀를 기울이시며 눈을 여시사
> 종의 기도를 들으시옵소서 (느 1:6)

우리의 기도를 응답하시는 주여

주님을 찬양합니다

느헤미야를 들어 사용하시는 하나님

우리 ○○이가 느헤미야처럼 주님이 주시는 재

능을 잘 계발하고 노력하여

믿지 않는 사람들과 권세자 앞에서도

인정받고 당당히 쓰임 받게 하옵소서

○○이가 느헤미야처럼 학연이나 지역적인

연고뿐 아니라 출신과 국적을 뛰어넘어

실력으로 인정 받는 글로벌 리더가 되게 하옵소서

느헤미야가 개인의 성공과 출세에 안주하지

않고 나라를 위해서 밤낮으로 기도하며

불가능해 보였던 성벽 재건을 위해서 혼신을 다한 것처럼 ○○이도 주어진 일에 믿음을 가지고 최선을 다하게 하옵소서
느헤미야가 꿈을 이루기 까지
강력한 적들과 동역자들의 비웃음을 참아내고 포기하지 않은 것처럼 우리 ○○이가 어려움을 당할 때에도 주님만을 바라보게 하옵시고
낙심하지 말게 하옵소서

느헤미야가 이스라엘 백성들에게 리더십을
발휘한 것처럼 우리 ○○이에게
리더십 역량을 더 하여 주시고
주님의 능력을 갑절로 부어 주옵소서

예수 그리스도 이름으로 기도 드립니다 아멘.

기도 체크란	날짜 및 체크								

다윗을
닮게 하소서

왕이신 나의 하나님이여 내가 주를 높이고
영원히 주의 이름을 송축하리이다
(시 145:1)

하나님 아버지
다윗은 소년 시절에 양을 치는 목동으로서
자신의 맡은 일에 충실하였습니다
사자나 이리가 덤벼들 때에도 양을 지키기
위해서 희생을 아끼지 아니했습니다
우리 ○○이도 다윗을 본받아 자신의 일에
충실하며 강하고 담대하게 하옵소서

다윗이 블레셋 사람 골리앗을 대적할 때에
만군의 여호와의 이름을 의지하여 승리한 것처럼 ○○이의 앞길에 골리앗이 막아서고 인간의
한계에 부딪칠 때에도 만군의 여호와를 의지하

며 용기를 가지고 나아가게 하옵소서

사람은 성공한 후에 자만하며 죄를 범하기
쉽사오니 늘 깨어 기도하며 자신을 돌아보게
하옵소서

다윗은 이 세상 누구보다 하나님을 찬양하며
기쁘게 하는 하나님의 사람이며 주의 마음에
합한 자 라고 하셨듯이 우리 ○○이도
주님을 기쁘시게 하는 하나님의 사람이 되게
하옵시고
한없는 주의 은총을 덧입는
하나님의 사람이 되게 하옵소서

예수 그리스도 이름으로 기도 드립니다 아멘.

에스더를 닮게 하소서

나도 나의 시녀와 더불어 이렇게 금식한 후에
규례를 어기고 왕에게 나아가리니
죽으면 죽으리이다 하니라 (에 4:16)

하나님 아버지
포로로 잡혀 갔던 이스라엘 여인 에스더는
하나님의 섭리에 따라 바사 왕국의
왕비가 되었습니다
그는 자기 민족이 위기에 처하자 삼일을
금식하고 죽으면 죽으리라는 각오로
왕 앞에 나아가 자기 민족을 살리는
놀라운 일을 감당했습니다

우리 ○○이도 에스더처럼 기도의 사람이 되게
하시고 결단력 있는 자녀가 되게 하옵소서
○○이가 하나님이 주신 소명 앞에 머뭇거리지

말게 하옵소서
또한 나라와 민족을 사랑할 수 있는 마음도 주시오며 나라의 앞날을 위하여 큰 비전을 제시하는 지도자가 되게 하옵소서
실력과 인품이 부족하고 준비되지 않으면 주님께 쓰임 받을 수 없사오니 부단히 노력하는 ○○이가 되게 하옵소서

에스더는 외모도 빼어났지만 더불어 실력과 리더십을 갖춘 영적인 리더였습니다
우리 ○○이도 에스더를 본 받아 탁월한 리더가 되게 하여 주옵소서

길이요 참 리더이신 예수님의 이름으로 기도합니다 아멘.

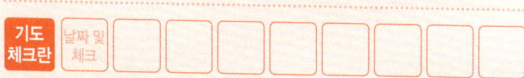

첫 번째 자녀축복 *key word*

리더십(leadership) 있는 아이로 키우자

사람과 사람 사이의 모든 관계속에는 리더십의 규칙이 숨어 있다. 내 소중한 아이를 사회성 있는 아이로 키우기 위해 반드시 알아야 할 크리스천 리더십 교육법!

1. 섬김의 리더십을 깨우쳐주자

"너희 중에 큰 자는 너희를 섬기는 자가 되어야 하리라"(마 23:11) 말씀처럼 하나님은 섬기는 자에게 큰 축복을 주신다고 약속하셨다. 성경의 리더십은 이처럼 남을 먼저 배려하고 자기가 먼저 희생하는 리더십을 강조하고 있다. 어릴 때부터 주위 사람들에게 도움을 주고 봉사하는 마음가짐을 갖도록 교육시킨다.

※ 진짜 집주인은 다른 사람들이 벗어놓은 현관의 신발을 정리하는 사람이란다.

2. 부모가 먼저 자녀를 섬겨라

자녀를 위해 시간을 할애해야 한다. 함께 놀아주고 공부를 도와주도록 하라. 부모의 정성으로 키운 자녀는 안정적으로 자라며 사회성도 좋다.

※ 내 뒤에 하나님이 계신 것처럼 지금 너의 뒤에도 든든한 백그라운드가 있단다.

3. 손을 잡고, 안아주고, 목욕을 함께 하라

 영국의 한 대학에서 나온 연구결과에 의하면, 신생아 때부터 부모와 신체접촉을 많이 한 아이는 성장 후에도 사회성이 좋게 나타났다고 한다. 목욕을 함께 하면 '옥시토신'이라는 호르몬이 분비되어 오랜 시간이 지나도 그때의 친밀함을 잊지 못하는 효과를 준다고 한다.

※ 아빠와 목욕탕에 갔던 기억을 잊지 말아라. 앞으로 넌 네가 만날 사람들과 그런 즐거운 추억을 더 많이 만들게 될 거다.

4. 칭찬으로 자신감을 갖게 하자

 "도가니로 은을, 풀무로 금을, 칭찬으로 사람을 단련하느니라"(잠 27:21) 성경에는 이와 같은 칭찬에 관한 말씀이 수 차례에 걸쳐 나온다. 칭찬은 고래도 춤추게 한다는 말도 있지 않은가. 칭찬은 동기 부여를 하는 가장 효과적인 방법이다. 꾸지람보다 칭찬은 더 큰 발전을 가져오게 하는 원동력이 된다.

※ 잘했다, 훌륭하다, 나는 네가 자랑스럽다.

5. 선한 싸움은 하게 하라

 "믿음의 선한 싸움을 싸우라 영생을 취하라 이를 위하여 네가 부르심을 입었고 많은 증인 앞에서 선한 증거를 증거하였도다"(딤전 5:12) 세상의 옳지 못한 일, 불의와 대적하는 싸움은 선한 싸움이다. 영적 전쟁이 치열한 세상에서 강한 믿음의 일꾼으로 성장하기 위해 감당해야 할 과정이기도 하다.

※ 나는 너를 믿는다. 하나님이 원하는 일이라면 하도록 해라.

2부
꿈과 비전을 위한 기도

새로운 시각과 새로운 생각을
품을 수 있도록 도와 주셔서
많은 사람에게 유익을 줄 수 있도록
허락하여 주옵소서
앞이 안 보이고 캄캄할수록
새벽이 가까이 왔음을 잊지 말게 하시고
뜻이 있는 곳에 반드시 길이 있다는 믿음을
더욱 굳건히 붙잡게 하옵소서
결국은 하나님의 은총을 입은 사람으로
기억되게 하시고
모든 영광을 하나님께 돌리는
겸손한 자가 되게 하여 주옵소서

창조적인 사람이
되게 하옵소서

> 우리 가운데서 역사하시는 능력대로
> 우리가 구하거나 생각하는 모든 것에
> 더 넘치도록 능히 하실 이에게 (엡 3:20)

천지 만물을 창조하신 하나님을 찬양합니다
우리 인간을 하나님의 형상과 모양대로 만드신
하나님 우리 ○○이를 축복 하셔서 창조적인
사람이 되게 하옵소서

여러 가지 어려운 상황에서도 낙심치 말게
하시고 새로운 것을 생각해 내게 하시며
답답한 여건 속 에서도 새로운 것을 만들어
내는 하나님의 지혜를 불어 넣어 주옵소서
우리 ○○이가 모든 것을 쉽게만 생각하지
않도록 하시고 주님이 허락하신 재능을 잘 갈고
닦을 수 있도록 은혜를 베풀어 주옵소서

우리 ○○이가 남의 것을 모방하기 보다
새로운 시각과 새로운 생각을 품을 수 있도록
도와 주셔서 많은 사람에게 유익을 줄 수 있도록
해 주옵소서

앞이 안 보이고 캄캄할수록
새벽이 가까이 왔음을 잊지 말게 하시고
뜻이 있는 곳에 반드시 길이 있다는
믿음을 더욱 굳건히 붙잡게 하옵소서
결국은 하나님의 은총을 입은 사람으로
기억되게 하시고
모든 영광을 하나님께 돌리는 겸손한 자가
되게 하여 주옵소서

예수 그리스도 이름으로 기도 드립니다 아멘.

재능을 잘 계발하게 하소서

> 너의 행사를 여호와께 맡기라
> 그리하면 네가 경영하는 것이
> 이루어지리라 (잠 16:3)

전능하신 하나님
사람마다 특별하고 다양한 재능을 주심을 찬양하고 감사 드립니다
우리 ○○이에게 주시는 재능이 무엇인지
잘 찾을 수 있도록 인도해 주옵소서

하나님 저희가 지혜가 부족해서
자신에게 주신 재능이 무엇인지 잘 모르는 경우가 많습니다
어릴때는 여러 가지에 호기심이 많고 재능이
있는것 처럼 보이기도 하지만 어느 순간에
흥미를 잃어버리곤 합니다

그래서 때로 우리는 시간과 물질을 허비하고 방황하기도 합니다
우리 ○○이가 커 나가면서 정말 하고 싶은 일과 정말 잘할 수 있는 일이 무엇인지 깨닫게 하옵소서

하나님께서 기뻐하시는 일을
너희로 마음에 소원을 불러 일으켜 행하게
하신다고 말씀하신 하나님
우리 ○○이에게 소원을 불 일듯 하여 주셔서
그 꿈을 꼭 붙잡고 그것을 이루기까지 놓지
않게 하소서 또한 주신 재능을 잘 계발해서
꼭 필요한 인재가 되도록 인도하여 주옵소서

예수 그리스도의 이름으로 기도 드립니다 아멘.

꿈꾸는 사람이
되게 하옵소서

요셉이 다시 꿈을 꾸고 그의 형들에게 말하여 이르되
내가 또 꿈을 꾼즉 해와 달과 열한 별이
내게 절하더이다 하니라 (창 37:9)

온 세상 만물을 창조하신 하나님을 찬양합니다
우리 ○○이가 꿈꾸는 사람이 되게하여 주옵소서
이 세상에 보이는 모든 것들은 꿈의 결정체요
꿈의 결과물인줄 믿습니다

꿈이 없는 백성은 망한다고 말씀하신 하나님
우리 ○○이가 꿈을 통하여 주님의 기쁘신 뜻을
이루게 하옵소서
많은 사람들이 어리석게도 꿈보다는
허영을 좇아갈 때가 많습니다
때로는 성공과 결과만을 중시하고 두려워하여
적당히 살려 합니다

우리 ○○이는 그처럼 적당히 살아가기 보다
실패하더라도 오히려 꿈꾸며 살아가는 사람이
되게 하여 주옵소서

주님의 기쁘신 뜻을 너희로 마음에 소원을 두고
행하게 하시는 주님
우리 ○○이에게 꿈과 도전 정신이 가득하게
하옵소서
꿈꾸는 사람을 놀리고 비난하는 경우도 많습니다
주변 사람들을 너무 의식하지 말고
절대로 포기하지 않는 인생이 되게 하옵소서
꿈을 통하여 많은 사람에게 유익을 주는
하나님의 자녀로 쓰임 받게 하옵소서

예수 그리스도 이름으로 기도 드립니다 아멘.

자존감을 세우게 하옵소서

> 너희는 택하신 족속이요 왕 같은 제사장들이요
> 거룩한 나라요 그의 소유가 된 백성이니
> (벧전 2:9)

사랑이 충만하신 하나님 감사 드립니다
우리 ○○이를 존귀하게 여겨 주심을
감사 하옵나이다

주님께서 특별한 섭리가 계셔서 저희 가정에
선물로 보내 주셨사오니
잘 양육하게 도와주시옵소서

○○이 자신이 하나님이 만드신 걸작품임을
알아 자존감을 바로 세우게 하옵소서
상대에게 무시 당하거나 비교의식으로
열등감에 빠지지 않게 하옵소서

자신의 부족한 부분을 탓하기보다
자신이 가장 잘 할 수 있는 장점을 잘 계발하게
도와주시옵소서

항상 건강한 자아상을 가지고 살아가게 하시고
○○이 자신이 혼자가 아니라
늘 새롭게 하시는 하나님이 함께하심을
잊지 않게 하옵소서

주님의 능력의 손으로 ○○이를 안수하여
주옵소서

예수 그리스도 이름으로 기도 드립니다 아멘.

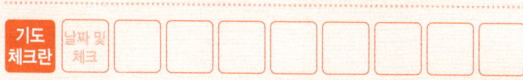

삶의 방향이 올바르게 하소서

사람이 마음으로 자기의 길을 계획할지라도
그의 걸음을 인도하시는 이는
여호와시니라 (잠 16:9)

우주의 기초를 놓으시고 다스리시는 하나님
우리 ○○이가 주님 안에서 기초가
튼튼한 사람이 되기를 원합니다
무턱대고 열심을 내는것이 아니라
삶의 방향이 올바로 서게 하시옵소서

일등하는 사람이 되기보다
최선을 다하는 사람이 되게 하시며
성공하는 사람보다 성숙한 사람이 되게 하옵소서
우리 ○○이는 하나님을 사랑하고
이웃을 존중하며
배려할 줄 아는 사람이 되게 하옵소서

무엇이 옳고 그른지 하나님의 말씀으로
분별하게 하시고
영원한 것과 썩어질 것을 구별하는
지혜를 주소서

하나님 아버지 우리 ○○이와 늘 동행하셔서
낮에 해와 밤의 달이 지켜주게 해주소서
순간의 이익만을 도모하기보다 진정
가치 있는 일에 집중하게 하옵소서
하나님 말씀을 나침반으로하여 그릇된 길로
나아가지 않게 하시고
교만하거나 어리석음을 범치 않게 하소서

예수 그리스도의 이름으로 기도 드립니다 아멘.

일상의 축복을 감사합니다

> 네가 들어와도 복을 받고
> 나가도 복을 받을 것이니라
> (신 28:6)

우리 하나님 아버지
베풀어 주신 은총을 감사 드립니다

요즘 우리 ○○이가 너무나 잘하고 있습니다
아침에 깨우지 않아도
제 시간에 일찍 일어납니다
세수도 너무 깨끗이 잘하고 손발도 잘씻습니다
우리 하나님 축복해 주세요
그뿐이 아닙니다 요즘은 아침밥도 거르지 않고
잘 먹습니다
방 청소와 정리 정돈도 너무 깨끗이 잘합니다
예전의 ○○이가 아닙니다

하나님께서 칭찬해 주실 줄 믿습니다
학교 준비물도 빠뜨리지 않고 잘 챙기고
숙제도 놀기 전에 먼저 다 해놓고 컴퓨터도
시간을 정해 놓고 사용합니다
엄마인 제가 볼때도 너무 기특하고
감사할 뿐입니다
하나님 아버지 이 마음이 작심삼일로
끝나지 않고 계속 되도록 도와 주시옵소서
학교에서도 선생님 말씀을 집중해서
잘 듣게 하시고
하나를 배우면 열을 깨우치도록 능력의 손으로
안수하여 주옵소서

예수 그리스도의 이름으로 축복하며
기도 드립니다 아멘.

방학을 잘 활용하게 하소서

> 훈계를 지키는 자는 생명 길로 행하여도
> 징계를 버리는 자는 그릇 가느니라
> (잠 10:17)

하나님 아버지
우리 ○○이가 방학 기간을 잘 활용하게
하옵소서

방학을 하면 늦게 일어나게 되고 시간 개념이
없어져 자칫 생활이 흐트러지기 쉽사오니
주님의 지혜로 붙들어 주옵소서
무엇보다 무더운 날씨에는 손과 발을 깨끗이
하고 몸과 마음을 청결하게 하옵소서
빙과류나 불량 식품에 노출되기 쉬운 계절입니다
과다 섭취 하거나 현혹되지 않게 하시고
엄마가 정성껏 준비한 음식을 골고루 잘 섭취하

게 하셔서 건강 잃지 않도록 도와주시옵소서
후덥지근한 날씨에 여유를 가지며
인내하는 법을 배우게 하옵소서

하나님 아버지 우리 ○○이가 오늘 할 일을
내일로 미루지 말게 하시고
흐트러지기 쉬운 일상을 시간 계획을 잘 짜서
실천하므로 유익한 방학 생활이 되게 하옵소서
시간이 많다고 숙제를 미루면 금방 후회하게 됨
을 깨닫게 하시고 미리 미리 준비하게 하옵소서
우리 ○○이가 방학 기간을 잘 활용해서 뒤처진
과목을 보충하는 계기로 삼게 하시고
늦잠 자는 버릇도 고치게 하옵소서

예수 그리스도 이름으로 기도 드립니다 아멘.

자기 자신을 사랑하게 하소서

> 사랑은 여기 있으니 우리가 하나님을
> 사랑한 것이 아니요 하나님이
> 우리를 사랑하사 (요일 4:10)

사랑의 근원이 되시고 사랑이신 하나님
우리 ○○이를 축복하사 자신을 사랑할 줄 아는
사람이 되게 하옵소서

자신이 누구인지 주님 안에서 새롭게 발견하게
하시고 자긍심을 갖게 하옵소서
우리 ○○이가 사랑받기 위해 태어났으며
사랑을 나누기 위해 존재함을 알게 하옵소서
○○이의 일생을 통해서 이루기를 원하시는
소명에 바른 목적의식을 갖게 하옵소서

하나님께서 ○○이를 잠잠히 사랑 하시며

기쁨을 이기지 못하여 하심을 마음 깊이 새기게
하시며 날마다 자라나게 하옵소서

아버지 하나님 ○○이가 모든 일에 할 수 있다
는 자신감을 가지고
담대히 나아가게 하옵소서
실패는 성공의 어머니라는 명언처럼
포기하지 않는 오뚝이를 닮는 인생이게 하옵소서
○○이는 궁극적으로 예수님 안에서
영원한 승리를 보장받은
하나님의 자녀된 신분임을 잊지 말게 하옵소서

예수 그리스도 이름으로 기도 드립니다 아멘.

승리의 삶을
살게 하소서

> 강하고 담대하라 두려워하지 말며 놀라지 말라
> 네가 어디로 가든지 네 하나님 여호와가
> 너와 함께 하느니라 (수 1:9)

언제까지나 우리를 사랑하시는 하나님
우리 ○○이를 저희 가정에 보내 주심을
감사 드립니다
○○이는 우리 가정에 없어서는 안 될 보물과
같습니다

여러 가지 부족하고 건강하지 못해도
우리는 ○○이를 사랑합니다
친구들에게 인기가 부족하고 공부를 잘 못해도
우리 가족은 ○○이를 사랑합니다
지혜가 부족하고 어리석은 점이 많아도 우리의
사랑은 변치 않습니다

병들고 아플 때에는 더더욱 마음을 다해 ○○이를 사랑합니다
하나님 아버지 ○○이가 넘어지고
괴로울 때에도 사랑하는 가족이 함께 있음을 잊지 말게 하옵소서
우리 ○○이는 너무나도 소중하여
부귀와 명예 이 세상 무엇과도 바꿀 수 없습니다
하나님 아버지 세상에는 공부보다 소중한 것이
너무나 많고 뛰어난 소질이나 특기가 없어도
얼마든지 성공적인 삶을 살 수 있음을 ○○이가
깨닫게 하옵소서
사랑 안에서 자신감을 가지고 승리의 삶을 살도록 ○○이를 축복하여 주옵소서

예수 그리스도 이름으로 기도 드립니다 아멘.

후회 없는 인생을
살게 하소서

눈물을 흘리며 씨를 뿌리는 자는
기쁨으로 거두리로다 (시 126:5)

하나님 아버지
오늘도 좋은 하루를 허락하심 감사 드립니다

바라옵기는 우리 ○○이가 후회함이 없도록
모든 일에 최선을 다하게 하옵소서

자신의 부족함을 탓 하기보다 최선을 다했는지
살펴보게 하시고 하나님의 지혜를 구하는
믿음을 더하여 주옵소서

하나님 아버지 ○○이에게 남의 성공을
진심으로 기뻐할 줄 아는 넓은 마음을 주시고

남의 실패를 진정어린 마음으로 위로하고
보듬을 수 있도록 은총을 베풀어 주옵소서

○○이가 겉모습만 보고 사람을 판단하지 않게
하시고 남과 비교하여 열등의식이나 우월의식
을 갖지 않게 하시옵소서
남과 다른 서로의 개성을 받아 들이고 자신의
특성을 잘 계발하게 하옵소서

○○이의 믿음이 날로 성장하여
하나님의 크신 뜻을 마음의 소원으로 불타게
하옵시고 항상 준비되어 후회함이 없는 삶을
살게 하옵소서

예수 그리스도 이름으로 기도 드립니다 아멘.

요셉을 닮게
하옵소서

당신들은 나를 해하려 하였으나
하나님은 그것을 선으로 바꾸사
(창 50:20)

하나님 아버지
오늘은 우리 ○○이가 꿈꾸는 사람 요셉을 통하
여 믿음을 배우는 하루가 되길 원합니다

요셉은 어린 시절에 형들의 시기와 배신으로
큰 고통을 당하였습니다
또한 요셉은 노예가 되어 부모와 생이별하고
온갖 고초를 당하면서도 자신에게 주어진 일에
최선을 다하므로 인정을 받았습니다
○○이도 정직과 성실한 마음으로
최선을 다하므로 누구에게나 인정받는
믿음의 사람이 되게 하옵소서

요셉이 보디발 아내의 달콤한 유혹에도
타협하지 않고 죄를 멀리한 것처럼
○○이도 죄와 불의와는 어떤 조건이라도
타협하지 않게 하옵소서
요셉은 누명을 쓰고 억울한 옥살이를 하면서도
기도를 쉬지 않고 꿈을 포기하지 않았습니다
요셉은 하나님이 높여 주시므로
애굽 총리가 되어 형제들을 보복할 수 있었지만
원수를 은혜로 갚아 주었습니다

우리 ○○이도 요셉을 본받아 어떤 어려움도
굴하지 않게 하시고
넓은 마음의 소유자가 되게 하옵소서

예수 그리스도 이름으로 기도 드립니다 아멘.

두 번째 자녀축복 *key word*

미래를 꿈꾸는 아이로 키우자

아이들에게 내일의 희망을 갖게 하도록 하자. 하나님이 주신 밝은 미래에 대한 꿈과 비전을 가진 아이로 키우는 교육법을 알아보자.

1. 독립심을 가르친다

자신의 일은 자신이 알아서 할 수 있도록 가르친다. 그러면 중요한 선택을 할 수 있는 분별력과 용기가 생긴다. 역사에 남은 위대한 신앙 인물들은 모두 어릴 때부터 독립심이 강했다. 스스로 한 선택에 대해서는 그만큼 책임감도 강해진다.

❋ 앞으로 너를 돌봐야 할 사람은 바로 너 자신이란다.

2. 계획을 세우게 하라

직접 생활계획표를 만들어 계획대로 실천하는 생활을 하도록 지도한다. 행동하기 전에 반드시 계획을 세우게 한다. 계획은 하루 일과를 단위로 세울 수도 있고 일년 단위로 짤 수도 있다. 단기적인 계획부터 차츰 장기적인 계획을 세울 수 있도록 도와주자.

❋ 과거의 내가 성장해 오늘의 내 모습이 되었듯,
미래의 나는 바로 현재의 나 자신이 만드는 거란다.

3. 자신의 개성과 장점을 분명히 알아야 한다

 사람마다 서로 다른 성격을 갖고 있다. 단점보다 장점을 부각해서 얘기하자. 그러면 긍정적인 결과를 얻을 수 있을 뿐더러 자신감을 향상시키는데 더 효과적이다. 단점을 개선할 수 있도록 격려해주어야 한다.

❋ 너는 아주 특별하단다. 네가 지닌 탁월한 장점과 개성을 잊지 말아라.

4. 꿈을 이루기 위한 설계도를 만들자

 건축 설계도를 보면 완공 후 건물의 구조와 형태를 알 수 있다. 꿈을 이루기 위해서도 설계도가 필요하다. 미래의 사람은 반드시 계획을 세워 실천한다. 아이에게 자신의 꿈을 이루기 위해 구체적으로 어떤 요소가 필요할지 정리해보도록 한다. 자녀의 미래에 대해 자주 대화하는 시간을 갖도록 하자.

❋ 오늘은 너의 꿈에 대해 이야기를 나눠보자. 나는 너의 미래가 정말 궁금하단다.

5. 매일 간절히 기도하라

 하나님의 말씀을 붙들고 매일 기도해야 한다. 그러면 반드시 꿈을 이루어주신다. 부모와 아이가 손을 잡고 기도하라. 믿음으로 간구하면 응답해 주신다.

❋ 기도보다 확실한 것은 없단다. 믿음의 영웅들을 보아라. 모두 기도의 용사들이란다.

3부
인격 성숙을
위한 기도

자신의 생각을 앞세우기 보다
상대편의 입장에서 한번 더 생각할 수 있는
여유를 가지게 하옵시고
불가피하게 화를 내고 기분이 상했을 때에도
해가 지기전에 용서하고 화해할 수 있도록
도와 주시옵소서
하나님 아버지 끝까지 인내하고
오래 참는 자가 최후의 승자가 되고
목표하는 바를 이룰 수 있음을
우리 ○○이가 잊지 않게 하옵소서
한걸음 더 나아가 인내의 사람이 되어
주님께 쓰임 받는 일꾼되게 하옵소서

온유한 사람으로
만들어 주옵소서

> 나는 마음이 온유하고 겸손하니
> 나의 멍에를 메고 내게 배우라
> 그리하면 너희 마음이 쉼을 얻으리니 (마 11:29)

오래 참으시고 마음이 온유하신 하나님을 찬양하고 경배 드립니다
사랑의 하나님 아버지 오늘도 좋은 하루를 허락해 주셔서 감사합니다
우리 ○○이가 주님이 주시는 온유함으로 승리하게 하옵소서

세상적인 기준은 힘이 있는 자, 권세가 있는 자, 돈이 많은 자가 승리자라고 말합니다
하지만 주님께서는 온유한 자가 땅을 기업으로 얻을 것이라 말씀하셨습니다
그러므로 우리 ○○이가 강하지만 온유한 마음

을 소유한 자가 되게 하옵시며
자신을 반대하거나 거부하는 사람에게도
온유함으로 대하는 친밀한 사람이 되게 하옵소서
실력이 없고 힘이 없어서가 아니라
주님의 가르침을 따라 온유한 자가 되게
하옵소서

하나님 아버지 우리 ○○이가
나는 마음이 온유하고 겸손하니 나의 멍에를
메고 내게 배우라 말씀하신
예수님을 닮아가게 하옵소서
그리하여 주변에서뿐 아니라 세상 가운데서
선한 영향력을 끼치게 하옵소서

온유하신 예수님의 이름으로 기도 드립니다 아멘.

정직한 사람이 되게 하옵소서

그는 정직한 자를 위하여 완전한 지혜를 예비하시며
행실이 온전한 자에게 방패가 되시나니
(잠 2:7)

전능하신 하나님 아버지께 영원 무궁히
영광을 돌립니다
진실되고 정직한 자를 기뻐하시고
귀하게 사용 하시는 하나님
우리 ○○이를 불쌍히 여기시고 긍휼을 베풀어
주옵소서

아직은 여러 가지 서툴고 연약하여
자주 넘어질 때가 많습니다
순간을 모면하기 위해서 거짓말을 할 때도
있습니다
그러나 우리 ○○이가 손해를 보는 일이 있더라도

하나님과 사람 앞에 정직하게 하옵소서
조금은 더디게 나아갈지라도 정도를 걷는 신뢰받는 사람이 되게 하옵소서

하나님 아버지 우리 ○○이가 사람은 속일 수 있을지라도 하나님은 속일 수 없다는 것을 깨닫고 정직한 사람이 되게 하옵소서
또한 잔꾀를 부리거나 남을 속이는
정직하지 못한 자가 결코 성공할 수 없다는 것을 어려서부터 마음 판에 새기게 하옵소서
자신에게 정직하므로 누구 앞에서나
어디서든지 당당함을 잃지 않게 하옵소서

진실하신 예수 그리스도 이름으로
기도 드립니다 아멘.

인내심을 길러 주소서

> 너희에게 인내가 필요함은 너희가 하나님의 뜻을
> 행한 후에 약속하신 것을 받기 위함이라
> (히 10:36)

언제나 오래 참으시고 긍휼이 많으신 주님을
찬양합니다

사랑하는 우리 ○○이가 인내심이 많은 자녀가
되기를 기도 드립니다
모든 성공하는 사람들은 여러 성품 중에서도
오래 참고 인내하는 사람들이었습니다
우리 ○○이도 조급해 하지 않고
인내하는 법을 배울 수 있도록 인도하여 주옵소서
목표하는 일이 더디게 이루어지더라도 짜증과
원망함이 없게 하여 주시고
답답할 때에 주님을 바라보게 하소서

우리 ○○이가 자신의 생각을 앞세우기 보다
상대편의 입장에서 한번 더 생각할 수 있는
여유를 가지게 하옵시고 불가피하게 화를 내고
기분이 상했을 때에도
해가 지기전에 용서하고 화해할 수 있도록
도와 주시옵소서

하나님 아버지 끝까지 인내하고 오래 참는 자가
최후의 승자가 되고
목표하는 바를 이룰 수 있음을 우리 ○○이가
잊지 않게 하옵소서
한걸음 더 나아가 인내의 사람이 되어 주님께
쓰임 받는 일꾼되게 하옵소서

예수 그리스도의 이름으로 기도 드립니다 아멘.

사랑이 넘치는 사람이 되게 하옵소서

> 너희가 서로 사랑하면 이로써 모든 사람이
> 너희가 내 제자인 줄 알리라
> (요 13:35)

하나님이 세상을 이처럼 사랑하사
독생자 예수 그리스도를 보내 주심을
감사합니다

우리 ○○이가 하나님의 크신 사랑을 깨닫고
느끼며 감사하는 사람이 되게 하옵소서
사랑은 오래 참고 온유하며 교만하지 않고
자랑하지 아니하며 라고 말씀하신 하나님
이와 같은 성품이 ○○이의 몸과 마음에
배이도록 은총을 허락하여 주옵소서

자신을 사랑하는 사람만 사랑하지 말게 하시고

자신을 미워하는 사람까지도 사랑할 수 있게
하옵소서
이 세상 무엇보다 사랑의 위대한 힘을 믿으며
이 사랑을 전파하는 사랑의 메신저가
되게 하옵소서
미움과 분열이 있는 곳에 사랑으로 감싸주며
슬픔과 절망에 빠진 자에게 소망과 꿈을
심어주는 사람이 되게 하옵소서
인간의 사랑은 너무 작고 보잘 것 없사오니
무한하신 하나님의 사랑으로 덮어 주옵소서

사랑의 근원되신 예수 그리스도 이름으로 기도
드립니다 아멘.

겸손한 사람이
되게 하옵소서

> 인자가 온 것은 섬김을 받으려 함이 아니라
> 도리어 섬기려 하고 자기 목숨을 많은 사람의
> 대속물로 주려 함이니라 (막 10:45)

거룩하시고 존귀하신 하나님을 찬양 드립니다
우리 ○○이가 주님의 멍에를 매고 온유하신
주님을 본받아
겸손한 사람이 되게 하옵소서

교만은 패망의 선봉이요 넘어짐의 앞잡이라고
말씀하신 주님의 말씀을
가슴속 깊이 간직하는 우리 ○○이가
되게 하옵소서
다른 사람을 나 보다 더 낫게 여기며
남을 비난 하거나 무시하지 않게 하시고
아는 척, 가진 척, 잘난 척 하지 말게 하옵소서

언제나 자신의 부족함을 인정하게 하시고
종이 상전을 바라봄 같이 하나님을 바라보고
의지하는 우리 ○○이가 되게 하옵소서

하나님께서는 겸손한 자를 들어 사용 하심을
믿습니다
또한 겸손한 자에게 때를 따라 돕는 은혜를
베풀어 주심을 믿습니다
하나님의 능력의 손으로 안수하셔서
오직 주님께 영광 돌리는
겸손한 ○○이가 되게 하옵소서

예수 그리스도 이름으로 기도 드립니다 아멘.

용서하는 사람이 되게 하옵소서

> 너희가 사람의 잘못을 용서하면
> 너희 하늘 아버지께서도 너희 잘못을
> 용서하시려니와 (마 6:14)

사랑이 많으시고 긍휼이 풍성하신

주님을 찬양 드립니다

죄악과 불의함으로 말미암아 심판을 받아야

마땅한 저희들을 용서하시고

주의 자녀삼아 주심을 감사 드립니다

우리 ○○이가 하나님의 긍휼하심과 용서를

받아 들이게 하옵시고

우리 스스로가 부족하고 실수가 많은 자임을

알게 하셔서 남을 용서 할 줄 아는

넓은 마음을 가지게 하옵소서

○○이가 말로 상처 입히고 미워하고 분노하던

상대를 용서하게 하옵시고
남을 무시하고 잘난 체하므로 다투고 싸웠던
친구도 용서하게 하옵소서
상대방을 이해하고 진정한 용서의 바탕위에
화해와 협력을 이끌어낼 수 있도록
도와 주시옵소서
마음의 상처로 굳게 닫힌 문도
내가 먼저 용서의 손을 내미는
우리 ○○이가 되게 하옵소서

용서야말로 진정한 자유함과
평강이 임하는 참된 사랑의 길임을 깨달아
실천하는 용기를 주옵소서

예수 그리스도 이름으로 기도 드립니다 아멘.

약속을 잘 지키는
사람이 되게 하소서

어찌 그 말씀하신 바를 행하지 않으시며
하신 말씀을 실행하지 않으시랴
(민 23:19)

영원하신 아버지 하나님 주의 신실하심을
찬양 드립니다
우리 ○○이가 약속을 잘 지키는 사람이 되게
하옵소서
사소한 약속이라도 가볍게 여기지 말게 하시고
한번 한 약속은 특별한 사정이 없는 한
꼭 지키게 하옵소서
지킬 수 없는 약속은 아예 하지 말게 하시고
부득이 하게 약속을 어길 경우는 상대에게 충분
히 설명과 동의를 구하게 하옵소서

하나님 아버지 우리 ○○이가 거짓된 말을 하지

않게 하옵시고
신실하신 주님을 본받아 약속을 잘 지키므로
신뢰 받는 사람이 되게 하옵소서
선생님과 친구들 부모와 형제간에도
약속을 잘 지키게 하옵시고
무엇보다 자기 자신과의 약속을 잘 지키므로
주님께 쓰임 받게 하옵소서

우리 ○○이가 깨닫게 해주옵소서
약속을 소홀히 하는 자는 결코 성공할 수 없으며
약속을 소중히 여기는 사람은 반드시 성공함을
깊이 새기게 하옵소서

예수 그리스도의 이름으로 기도 드립니다 아멘.

책임감 있는 사람이 되게 하소서

> 네가 죽도록 충성하라
> 그리하면 내가 생명의 관을
> 네게 주리라 (계 2:10)

우리를 끝까지 사랑하시는 하나님 아버지
우리 ○○이가 책임감 있는 사람이 되게
하옵소서

자신이 해야 될 일을 남이 대신해 줄 수 없음을
알게 하셔서 맡은 바를 최선을 다해서 이루어 내는
책임감 있는 사람이 되게 하옵소서
우리 ○○이가 한번 정한 목표는 끝까지 책임감 있게 달성하게 하시고
욕심으로 목표를 너무 높게 잡아 중도에
포기하는 일이 없도록 도와 주시옵소서

자신에게 맡겨진 일과 사명을 책임감 있게
끝까지 마무리 하게 하옵소서

하나님 아버지 우리 ○○이가 학교나 조직에서
는 물론 자신에게 책임감 있는 자녀로 성장시켜
주셔서 하나님께 인정받게 하옵소서
일이 잘 되었을 때는 물론 잘 풀리지 않았을 때
에도 책임을 지는 자세를 보이게 하옵소서
특히나 일이 뜻대로 되지 않았을 때 변명을
일삼거나 남의 탓으로 돌리는 무책임한 사람이
되지 말게 하옵소서

신실하신 예수 그리스도 이름으로
기도 드립니다 아멘.

디모데처럼 되게 해주세요

> 이 믿음은 먼저 네 외조모 로이스와
> 네 어머니 유니게 속에 있더니 네 속에도
> 있는 줄을 확신하노라 (딤후 1:5)

모든 성경은 하나님의 감동으로 된 것으로
교훈과 책망과 의로 교육하기에 유익하다고 말
씀하신 하나님 바울의 동역자로 귀하게 쓰임 받
은 디모데를 기억합니다

어린 나이에 하나님의 일을 하면서도 능력이 있
었고 사도 바울이 너무나 귀히 여겼던 디모데는
어려서부터 할머니와 어머니로부터 신앙으로
양육을 받았습니다

하나님 디모데의 어머니 유니게가 디모데를
기도와 말씀으로 구별되게 양육한 것처럼

저 또한 우리 ○○이가 하나님의 뜻을 이룰 수 있
도록 말씀과 기도로 잘 양육하게 도와주옵소서
또 디모데에게 바울같은 바른 진리에 선
사람들을 붙여 주신 것처럼
우리 ○○이에게 하나님을 경외하고 바른 복음
을 지닌 성경교사들을 붙여 주시옵소서
○○이가 바른 가치관을 세우고 여러 방면에서
어려서부터 준비되어 하나님의 뜻을 이룰 수
있도록 역사해 주시기를 기도합니다.
또한 디모데처럼 허탄한 이야기나 잘못된
가르침을 멀리하게 하시고 그 귀와 마음이
항상 진리를 사모하며 열려 있기를 기도하오니
주여 인도하여 주시옵소서

예수님의 이름으로 기도합니다 아멘.

세 번째 자녀축복 *key word*

신앙적으로 올바른 인격을 갖게 하자

부와 명예가 있어도 인격적으로 올바르지 않으면 사람들의 존경을 받지 못한다. 사랑하는 내 아이를 반듯한 신앙의 인격체로 키우도록 하자.

1. 성경 읽는 습관을 물려주자

성경 읽기는 성장기의 자녀들에게 인격적으로 성숙한 자아관을 확립할 수 있도록 도와 준다. 쉬운 우리말로 된 어린이 성경부터 읽으면 좋다. 반드시 부모가 먼저 본을 보여야 한다.

❋ 오늘 아침은 생명의 양식으로 시작하자. 성경 말씀은 영혼을 살찌우는 가장 든든한 메뉴란다.

2. 용서와 긍휼을 가르치자

긍휼한 마음으로 낮은 곳을 바라볼 수 있는 시선을 갖게 해야 한다. 하나님은 우리 죄를 용서해주기 위해서 독생자이신 예수 그리스도를 이 땅에 보내셨기 때문이다. 자녀들에게 십자가의 의미를 명확하게 전달하도록 하자.

❋ 십자가에는 예수님의 고난과 부활의 의미가 담겨있단다. 지금 용서할 수 없는 누군가가 있다면 십자가를 올려다 보렴. 우리를 위해 죽은 예수님을 떠올려 보아라.

3. 훈계로 양육하라

"아이를 훈계하지 아니치 말라. 채찍으로 그를 때릴지라도 죽지 아니하리라"(잠 23:13) 자녀를 바르게 키우기 위해서 훈계는 반드시 필요한 양육방법이다. 귀한 자식일수록 엄하게 가르쳐야 한다. 잠언 기자는 본문에서 이렇게 말하고 있다. "그를 채찍으로 때리면 그 영혼을 음부에서 구원하리라"(잠 23:14)

※ 사랑의 회초리로 네 종아리를 때릴때마다 내 마음에는 몇 갑절 더 큰 상처가 생긴단다. 그 상처는 네가 올바르고 참되게 자라야 비로소 아물 수가 있단다.

4. 부모를 공경하게 하라

자녀가 형통하는 방법이 여기에 있다. 그러나 이 항목은 실천이 쉬운 것 같지만 실제로는 가장 어려운 일에 속한다. 이를 위해서는 단 하나 자녀에게 부모의 사랑을 보여주어야 한다. 그 마음에 먼저 감동을 주어야 한다. 그래야 자녀의 마음이 움직인다.

※ 매일 나는 너를 위해 기도한단다. 네가 언제나 강건하기를, 지혜롭기를, 굳건한 믿음의 반석 위에서 우뚝 서기를 기도하고 있단다. 네가 어른이 되어 우리 곁을 떠나더라도 내 기도는 계속될 거야.

5. 화목한 가정을 이루자

화목하고 평안한 가정이 자녀를 신앙적으로 올바르게 키우는 열쇠이다. 자녀에게 가족이 함께 있어야 행복할 수 있음을 알게 해주자.

※ 우리 가족을 위해 하나님은 특별한 계획을 세우셨단다. 우리들에게는 서로를 아끼고 사랑하며 살아야 할 임무가 있어. 하나님은 우리가 행복하기를 간절히 바라신단다.

ized text
4부
지혜를 구하는 기도

하나님 아버지 모든 일에는 다 때가 있는 줄 믿습니다
심을 때가 있으면 거둘 때가 있고
젊을 때가 있으면 늙을 때가 있음을 알게 하옵소서
우리 ○○이가 지금은 공부하고 노력할 때임을
깊이 깨달아 알게 하옵소서
시간은 언제까지나 기다려 주지 않음을 알고
열심히 살아가게 하옵소서
누구든 시간을 헛되이 낭비하면 반드시 후회하고
가난함을 면하지 못할 것입니다
우리 ○○이가 지금은 힘들고 어렵더라도
눈물로 씨를 뿌리는 자는 기쁨으로 열매를 거둘 날이 있음을
믿음으로 받아들이고 날마다 승리하게 하옵소서

열심 있는 자가
되게 하옵소서

너는 마음을 다하여 여호와를 신뢰하고
네 명철을 의지하지 말라
(잠 3:5)

오늘도 좋은 하루 복된 하루를 열어 주심을
감사합니다
사랑하는 우리 ○○이를 붙들어 주셔서
주어진 하루 일과를 헛되이 보내지 말게 하시고
최선을 다하는 하루가 되게 하여 주옵소서
오늘 하루 동안에 꼭 해야 될 일과 가장 중요한
일이 무엇인지 잘 분별하게 하옵소서

우리 ○○이가 선생님의 가르침에 청종하는
자세로 임하게 하시고 무엇보다 게으름을 멀리
하게 하옵소서
게으른 자는 먹지도 말라고 말씀하신 하나님

심지 않고 어찌 열매를 거둘수 있겠습니까
게으른 자는 이와 같은 어리석음을 범한 자임을 믿습니다
우리 ○○이를 지혜롭게 하셔서 조금만 더 놀고 하지, 조금만 더 자고 하지 라는 미루는 습관을 버리게 하옵소서
우리나라 속담에도 콩 심은데 콩 나고 팥 심은데 팥 난다는 말이 있듯이 우리 ○○이가 요행을 바라지 않고 정직하게 땀 흘릴 수 있는 열심을 허락하여 주옵소서
노력하지 않는 천재보다 노력하는 보통 사람으로 인정을 받게 하옵소서
주님께 모든 영광을 돌리오며

예수님의 이름으로 기도 드립니다 아멘.

분명한 목표를
주옵소서

> 푯대를 향하여 그리스도 예수 안에서
> 하나님이 위에서 부르신 부름의 상을
> 위하여 달려가노라 (빌 3:14)

전지전능하신 주님께 영광을 돌립니다
우리 ○○이로 인하여 기쁨을 이기지 못하여
하시며
잠잠히 사랑하시는 주님을 의지하며
기도드립니다
우리 ○○이가 집중력이 뛰어난 하나님의
자녀가 되게 하옵소서
우리 ○○이가 아직은 어려서 분명한 목표가 없
고 산만하오니 주님께서 붙들어 주옵소서

하지만 만화를 보거나 컴퓨터 게임을 할 때는
몇 시간씩 빠져들 때도 있습니다

공부와 숙제를 마지못해서 억지로 할 때가
많사오니 능력의 손으로 붙드셔서
분명한 목표와 집중력을 가지고 공부에 임하게
하옵소서

○○이가 어렸을 때 여러 가지 다양한
기초 지식을 습득하고 체험하게 하옵소서
또한 먼저 할 일과 나중 할 일의 우선순위를
잘 구별하는 지혜도 허락하여 주옵소서
공부를 부담스러워 하기 보다는
배워가는 즐거움을 더 하여 주셔서
기쁨으로 감당케 하옵소서

예수 그리스도 이름으로 기도 드립니다 아멘.

책을 가까이 하는 자녀가 되게 하옵소서

내 아들아 지식의 말씀에서
떠나게 하는 교훈을
듣지 말지니라 (잠 19:27)

말씀으로 천지를 창조하신 주님을 경배합니다
우리에게 귀한 말씀이 기록된 성경을 주심을
감사합니다
성경책이 아니면 하나님이 어떤 분이신지도
알지 못하고
복음과 구원의 말씀도 듣지 못하였을 것입니다.
일점 일획도 거짓이 없는 주님의 말씀이 담긴
성경을 가까이 하며
우리 ○○이가 늘 신앙 안에서 자랄 수 있게
하옵소서
또한 지식과 지혜의 보고인 책의 소중함을 알아서 늘 책을 가까이하는 자녀가 되게 하옵소서

첨단 기술의 발전으로 지식과 정보 습득에도
많은 변화가 있지만 책만큼 지식을 쌓기에
유익한 도구가 없음을 압니다
독서를 통해서 다양한 세상을 배우고
독서를 통하여 깊이 있는 지식을 배우는
○○이가 되게 하여 주옵소서

더 나아가 독서를 통하여 생각의 폭을 넓히고
마음을 풍요롭게 하며 독서를 통하여 상상력이
풍부한 자녀가 되게 하여 주옵소서
펜은 칼보다 강하다는 말처럼 글의 힘을 알게
하시고 좋은 독서 습관이 몸에 배이게 하옵소서

예수 그리스도 이름으로 기도 드립니다 아멘.

사고의 깊이를 넓혀 주옵소서

> 우리 가운데서 역사하시는 능력대로
> 우리가 구하거나 생각하는 모든 것에
> 더 넘치도록 능히 하실 이에게 (엡 3:20)

높고 깊고 넓으신 전능하신 하나님
감사드립니다
우리 ○○이가 예수님처럼 그 키가 자라고
지혜가 자라
하나님과 사람들에게 더욱 사랑받는 자녀가
되게 하옵소서
위로 하나님을 순종하며 이웃을 사랑하고
섬기는 자녀가 되게 하옵소서

우리 ○○이가 왜 공부를 해야 되는지
알게 하시고
무조건 외우기보다 원리를 터득하도록 지혜를

주시옵소서
얄팍한 지식에 그치지 않게 하시고
자만하지 않고 꾸준히 노력하는 자녀가 되게
하시옵소서
더 나아가 생각의 폭을 넓힐 수 있도록
평소 독서하는 습관을 갖게 해주소서

자신의 의견만을 내세우기보다 상대방의 의견을 존중하고 배려하는 성숙된 ○○이가 되게 하옵소서
배우고 닦은 지식을 잘 사용할 줄 아는 지혜를 주셔서 주님께 영광을 돌리게 하옵소서

예수 그리스도 이름으로 기도 드립니다 아멘.

음식을 균형있게 섭취하게 하옵소서

배부른 자는 꿀이라도 싫어하고
주린 자에게는 쓴 것이라도 다니라
(잠 27:7)

사랑이 많으신 주님을 경배하고 찬송합니다
우리 ○○이가 편식하는 경향이 있습니다
음식을 골고루 섭취할 수 있도록 도와 주시옵소서
입맛이 맞는 음식은 폭식을 하고
그렇지 않는 음식은 젓가락을 대지도 않습니다
우리 ○○이가 좋은 식습관을 갖게 해
주시옵소서

몸에 해로운 음식을 좋아합니다
건강에 불균형을 가져올 수 있으니
절제할 수 있도록 도와 주시옵소서
음식은 맛보다 우리 몸에 필요한

영양소의 함량이 중요함을 알게 하시고
학교 근처 길에서 판매하는 불량식품도 멀리 하게 하옵소서

무 농약 무 방부제 신토불이의 신선한 재료를
엄선하여 엄마가 정성을 다하여 만든 음식을
최고로 알고 골고루 섭취하게 하옵소서
또한 섭취한 음식을 잘 소화할 수 있도록 도와
주셔서 언제나 건강하게 하옵소서

일용할 양식을 주신 예수 그리스도 이름으로
기도 드립니다 아멘.

배움의 즐거움을
알게 하옵소서

지혜 있는 자는 듣고 학식이 더할 것이요
명철한 자는 지략을 얻을 것이라
(잠 1:5)

전지전능 하시고 찬양 받으시기에 합당하신
주님께 영광을 드리옵나이다

우리 ○○이가 아직은 어리지만 배움의 즐거움
을 알게 하시고 하나하나 깨우치는 기쁨을 맛보
아 알게 하옵소서
억지로나 마지못해서 공부함이 아니라
배워가는 즐거움이 더하므로
자원하는 마음으로 공부에 임하게 하옵소서

우리 ○○이가 부모 형제와 친구의 관계를 통해
서 하나님의 사랑을 배우게 하시고 자연을 통해

서 하나님의 오묘하시고 위대하심을 깨닫게
하옵소서
다양한 지식을 배울 수 있도록
열린 마음을 주시옵소서
부모의 욕심이 자녀의 배움에
부담을 줄 수 있기에 조심스럽습니다
주님의 지혜를 구하오니 도와 주시옵소서

우리 ○○이에게 좋은 안내자가 되게 하시고
자녀와 함께 노력하는 부모가 되게 하옵소서
우리 ○○이의 키가 자라고 지혜가 자라서
하나님과 여러 사람에게 사랑받고 쓰임 받는
일군이 되게 하옵소서

예수 그리스도 이름으로 기도 드립니다 아멘.

집중력을 허락하여 주옵소서

너는 범사에 그를 인정하라
그리하면 네 길을 지도하시리라
(잠 3:6)

사랑과 긍휼이 풍성하신 하나님을 찬양합니다
우리 ○○이가 집중력 있는 어린이로 성장할 수
있도록 붙들어 주시고 인도하여 주옵소서

아직은 어려서 그런지 산만하고 정리정돈을
잘하지 못합니다
심지어 밥을 먹을 때에도 자리를 뜨기 일쑤고
야단맞을 때가 많습니다
주님께서 붙잡아 주시고 도와 주시옵소서
오직 컴퓨터 게임과 만화책에 빠져들면
시간 개념이 없어져서
스스로 절제를 못하니 부모로서

걱정이 많습니다
저의 자녀가 쾌락과 세상적인 유혹에서
이겨낼 수 있도록 절제할 수 있는 힘과 지혜를
주시옵소서

어린 영혼을 도적질하고 병들게 하고 미혹하는
악한 영을 멸하여 주셔서 하나님께 집중하는
우리 ○○이가 되게 하옵소서

더욱 장성하여 흔들림이 없는
뿌리 깊은 나무처럼 되도록
성령님께서 평강의 은혜를 베풀어 주옵소서

예수 그리스도 이름으로 기도 드립니다 아멘.

시험을 잘 준비하게 하소서

대저 여호와는 지혜를 주시며
지식과 명철을 그 입에서 내심이며
(잠 2:6)

사랑의 하나님 우리 ○○이가 학기말 시험을
앞두고 있습니다
얼마 남지 않는 시간을 계획성 있게 잘 준비하여
좋은 결과를 얻을 수 있도록 도와 주시옵소서
체력적으로 감당할 수 있도록
새 힘을 주시고 피곤치 않게 하옵소서

우리 ○○이에게 지혜를 주셔서 배움의 참 기쁨을
알게 하시고 주님의 도구로 사용되기에 부족함
이 없게 하옵소서
선생님의 가르침에 집중하게 하시고
이해가 잘 되지 않을 때 질문할 수 있는 용기도

허락하여 주옵소서
나름대로 열심히 노력하고 있습니다
노력한 만큼의 성적을 얻게하여 긍정적인 자세를 가지고 더욱 분발하게 하옵소서

때로는 아는 문제도 실수하여 틀릴 때가 있습니다
평안한 마음을 주셔서 실수하지 않게 하옵소서
시험을 치르고 나면 더 열심히 할걸 하고 후회가 남습니다
이번에는 후회가 없도록 최선을 다하게 하옵소서
갖고 있는 실력을 남김없이 잘 발휘할 수 있도록 지혜를 주옵소서

예수 그리스도의 이름으로 기도 드립니다 아멘.

시간을 잘 관리 하게 하소서

세월을 아끼라 때가 악하니라
(엡 5:16)

우주 만물을 창조하시고 다스리시는 하나님을 찬양합니다
우리 ○○이가 시간을 잘 활용하며 관리할 수 있도록 힘과 능력을 더하여 주옵소서
○○이가 시간의 소중함을 깨달아 헛되이 낭비하지 않게 하시고
시간을 잘 사용하므로 주님께 칭찬받는 자녀가 되게 하옵소서

하나님 아버지 모든 일에는 다 때가 있는 줄 믿습니다
심을 때가 있으면 거둘 때가 있고

젊을 때가 있으면 늙을 때가 있음을
알게 하옵소서
우리 ○○이가 지금은 공부하고 노력할 때임을
깊이 깨달아 알게 하옵소서
시간은 언제까지나 기다려 주지 않음을 알고
열심히 살아가게 하옵소서
누구든 시간을 헛되이 낭비하면 반드시
후회하고 가난함을 면하지 못할 것입니다
우리 ○○이가 지금은 힘들고 어렵더라도
눈물로 씨를 뿌리는 자는 기쁨으로 열매를 거둘
날이 있음을 믿음으로 받아들이고
날마다 승리하게 하옵소서

예수 그리스도 이름으로 기도 드립니다 아멘.

키가 자라고 지혜가 자라게 하소서

예수는 지혜와 키가 자라가며
하나님과 사람에게 더욱
사랑스러워 가시더라 (눅 2:52)

지혜와 명철이 한이 없으신 하나님 감사합니다
우리 ○○이를 축복하사
하늘의 지혜와 명철을 더하여 주옵시고
○○이의 성장판을 축복하사
해가 바뀜에 따라 그 키가 자라고
지혜가 자라며 균형 있게 성장하도록
도와 주시옵소서

달고 기름진 음식만 좋아하므로 비만해지지
않도록 필요한 영양소를
골고루 잘 섭취하게 하옵소서
성장이 늦어지면 친구들에게 따돌림 당하고

후배에게 업신여김을 당하기 쉽사오니
키가 자라고 지혜가 자라나게 하옵소서
○○이가 학교수업을 잘 따라갈 수 있도록
이해력을 높여 주시고 집중력을 허락하사
하나를 배우면 열을 깨우치는 지혜를 주옵소서
학교생활에 즐거움을 주시고 친구들에게 인정
받으며 관계가 원만하게 하옵소서

하나님을 경외함이 지혜의 근본이라 말씀하신
하나님, ○○이가 주의 말씀에 귀를 기울이며
주의 계명을 마음 깊이 새기게 하옵소서
키가 자라고 지혜가 자라므로 하나님과 사람들
에게 사랑받고 쓰임 받는 자녀 되게 하옵소서

예수 그리스도 이름으로 기도 드립니다 아멘.

사랑의 채찍임을 깨닫게 하소서

> 매를 아끼는 자는 그의 자식을 미워함이라
> 자식을 사랑하는 자는 근실히
> 징계하느니라 (잠 13:24)

사랑이 무한하신 우리 주님을 찬양드립니다
오래 참으시고 긍휼이 한 없으신 주님
사랑하는 ○○이를 위하여 매를 들었습니다
어디서 부터 무엇이 잘못되었는지 ○○이가
깨닫게 하시고
고쳐 나갈 수 있도록 도와 주시옵소서
○○이가 매를 맞고 아픈 것으로 끝나는 것이
아니라 잘못된 습관을 고치게 하시고 더 나은
모습으로 좋은 습관을 가지게 하옵소서

아침에 늦잠 자는 습관, 자신이 해야 할 일을 뒤
로 미루는 습관, 순종하기보다 불평하는 습관

등은 반드시 고쳐야 할 잘못된 것임을 깨닫고
회초리를 통하여 마음에 깊이 새기게 하옵소서
하나님 채찍이 능사가 아님을 압니다
될수록 훈계와 교훈으로 이끌게 하시고 부득불
채찍을 들 때에도 감정으로 하지 말게 하옵소서

자녀가 잘못 하였을 때 꾸짖지 않는 것은
사생자요 남의 자식이기 때문이며 방관하는 것
은 더 나쁜 교육임을 알기에 채찍을 들었습니다
사랑하기 때문에 채찍을 들었습니다
○○이가 잘 받아 들이고 새롭게 되도록
주님께서 은총을 베풀어 주옵소서

예수님의 이름으로 기도 드립니다 아멘.

솔로몬을 닮게 하옵소서

> 솔로몬의 지혜가 동쪽 모든 사람의 지혜와
> 애굽의 모든 지혜보다 뛰어난지라
> (왕상 4:30)

하나님을 경외한 솔로몬 왕은 왕위에 오르자
제일 먼저 하나님께 일천 번제를 드렸습니다
하나님이 솔로몬의 마음 중심을 보시고
너에게 무엇을 줄까 하고 물을 때에
백성들을 잘 다스릴 수 있는 지혜만을 구했지만
하나님은 그를 기뻐하셔서 구하지도 않은
경제적인 축복과 영광도 함께 주셨습니다

우리 ○○이도 하나님을 경외하는 자녀가 되며
주님 섬기기를 최우선하는 자녀가
되게 하옵소서
○○이가 무엇을 하든 하나님 중심으로 생각하고

예배하며 하나님께 감사를 드리는 아이로 성장하게 하여 주옵소서
그리고 솔로몬처럼 지혜를 가장 귀하게 여기며 후히 주시고 꾸짖지 아니하시는 주님께 구하는 삶을 통하여 자신은 물론 남에게 유익을 주는 삶이 되게 하옵소서
○○이가 자신의 의견만 앞세우기보다
남의 말을 경청하는 열린 귀와 따뜻한 마음을 허락하여 주옵소서

또한 ○○이가 솔로몬처럼 사람들의 고민과 문제를 해결할 수 있도록
지혜로운 판단력과 참된 리더십을 키워 나가게 은혜를 주시기를 간절히 바라오며
예수님의 거룩하신 이름으로 기도합니다 아멘.

주의 이름으로
축복 합니다

주께서 내게 복을 주시려거든 나의 지역을 넓히시고
주의 손으로 나를 도우사 나로 환난을 벗어나
내게 근심이 없게 하옵소서 (대상 4:10)

길이요 진리요 생명이 되신 주님
주의 이름으로 우리 ○○이를 축복합니다
오늘 하루도 주님의 넓으신 품으로 안아 주시길
축복합니다
목자 되신 주님께서 푸른 초장으로 쉴만한 물가로
인도하여 주시기를 축복합니다

주여 사랑하는 ○○이를 보시옵소서
아직 때 묻지 아니한 순수한 마음의 화폭에
큰 꿈을 그리기를 축복합니다
그리고 그 꿈이 절대로 식어지지 아니하고
마음의 뜨거운 열정으로 타오르기를 축복합니다

주여 어리석은 자를 들어서 지혜로운 자를
부끄럽게 하시는 주님의 은총을 ○○이에게
부어 주시옵시고 연약한 자를 들어서 강한 자를
부끄럽게 하시는 주님의 능력으로
축복하여 주옵소서

주님의 나라는 말에 있지 아니하고
능력에 있다고 하셨사오니
지식과 실천력을 겸비한 ○○이가 되기를 축복
합니다
주님 안에서 자신의 생각과 신념이 뚜렷하고
세상에 영향력을 끼칠 수 있는 자녀가 되기를
축복합니다

예수 그리스도 이름으로 기도 드립니다 아멘.

네 번째 자녀축복 *key word*

지혜로 양육하라

지혜로운 부모가 아이도 지혜롭게 양육할 수 있다.
성경에서는 자녀를 지식인으로 올바르게 양육하는 비결을 분명하게 제시하고 있다.
특히 지혜의 책으로 알려진 잠언에서는 그 비결이 집중적으로 소개되고 있다.

1. 집중력이 위대한 생각을 낳는다

하나님은 우리 모두에게 똑같은 시간을 주신다. 그러나 결과는 늘 다르게 나타난다. 하나님이 주신 시간을 허투루 사용하지 않은 사람은 보다 큰 상급을 받게 된다. 그것은 바로 위대한 아이디어이다.

✽ 열심히 공부하고 부지런히 생각해라.
그러면 불쑥 네 미래의 문이 열린단다.

2. 축복의 언어로 격려하라

언어는 사람의 일생에 가장 큰 영향을 미친다.
특히 부모의 말은 자녀의 미래에 거름이 될 수도 있고 독약이 될 수도 있다. 천국의 언어는 축복의 언어임을 명심하자. 평소에 자녀의 능력을 인정하고 격려하라.

❋ 역시 너라면 해낼 줄 알았다. 앞으로도 열심히 하거라. 나는 너를 믿는다.

3. 시간 활용의 중요성을 가르쳐라

무엇을 하든 시간을 잘 사용하는 것이 중요하다. 자녀들에게 먼저 시간을 활용하는 방법을 가르쳐야 한다. 영적 리더들은 하나님이 주신 시간을 온전히 성실하게 사용한다고 성경에 기록돼 있다.
"네가 자기 사업에 근실한 사람을 보았느냐 이러한 사람은 왕 앞에 설 것이요 천한 자 앞에 서지 아니하리라"(잠 22:29)

❋ 오늘 하루의 시간은 하나님이 우리에게 준 선물이란다. 이 시간을 성실하게 사용한 사람은 약속한 날에 큰 복을 받을 수 있단다.

4. 지혜의 근본이 담긴 성경을 가까이 하라

성경은 모든 지혜의 근본이라고 하였다. 잠언 16장 9절에서는 "사람이 마음으로 자기의 길을 계획할지라도 그 걸음을 인도하는 자는 여호와시니라"고 했다. 성경을 가까이 하며 지혜를 구하는 자만이 참된 지혜를 얻을 수 있다는 말이다.

❋ 살다보면 앞이 보이지 않을 때가 있단다. 그럴 때 성경책을 펼쳐 보아라. 하나님이 너를 위해 예비해두신 길이 있단다.

5부
치유와 안전을
위한 기도

세상 끝 날까지 항상 우리와 함께 하시는
주님을 의지하고 경배 드립니다
주님의 능하신 팔로 우리 ○○이를 붙잡아 주셔서
강하고 담대한 주님의 자녀가 되기를 기도드립니다
어렵고 힘든 일이 닥치더라도
쉽게 포기하지 않고 인내하며
담대히 이기게 하옵소서
사람들이 무시하고 놀릴지라도 여유를 가지고
지혜롭게 대처하게 하옵소서
친구들에게 따돌림을 당하더라도
상처 받지 않는 강한 자녀로 자라게 하옵소서

화평의 사람이 되게 하옵소서

> 화평하게 하는 자는 복이 있나니
> 그들이 하나님의 아들이라 일컬음을
> 받을 것임이요 (마 5:9)

예수 그리스도로 말미암아 막힌 담을 허시고
하나님과 저희를 화목하게 하심을 감사 드립니다
우리 ○○이가 화평케 하는 자로 쓰임 받을 수
있도록 훈련 되어지게 하옵소서
싸움과 분열이 있는 곳에 화해와 일치를
가져오게 하시고 갈등과 반목으로
상처 입은 자들을 치료해 줄 수 있도록
하나님의 능력과 지혜를 더 하여 주옵소서

요즈음은 갈수록 자신과 자기 가족만을 생각하
며 자신이 속한 공동체의 이익만 생각하는
이기주의 현상이 팽배해 있습니다

하나님 이들에게 하나님의 사랑을 전하고
더 큰 비전을 제시하므로 마음과 마음을 열고
대화로 문제를 해결하는 리더십을 발휘하게
하옵소서

화평케 하는 자는 복이 있나니
저희는 하나님의 자녀라 일컬음을 받으리라
하셨사오니 화평의 도구로 우리 ○○이를
사용하여 주옵소서
진정으로 하나님이 통치하시는 주님의 나라가
임하게 하시고
모든 영광을 주님께 돌리게 하옵소서

예수 그리스도 이름으로 기도 드립니다 아멘.

정결한 사람이 되게 하옵소서

마음이 청결한 자는 복이 있나니
그들이 하나님을 볼 것임이요
(마 5:8)

거룩하시고 흠이 없으신 절대 주권자되신
우리 하나님을 찬양합니다

마음이 청결한 자는 복이 있나니 저희가 하나님을 볼 것이라 말씀하신 하나님 우리 ○○이를 주의 보혈로 머리에서부터 발 끝까지 정결하게 씻어 주옵소서
세상에 보는 것과 듣는 것이 부패하고
죄악 투성이입니다
잘 분별하고 가려 보고 듣게 해 주시옵소서
인터넷 게임과 만화의 폭력과 음란성은
도를 넘어 우리 아이들이

무방비 상태로 노출되어 있습니다
주여 우리 ○○이를 이와 같은 세상 문화에
물들지 않도록 도와 주시고 지켜 주시옵소서
사람이 무엇으로 행실을 깨끗하게
할 수 있겠습니까
오직 주의 말씀으로 정하게 하시옵소서
행여나 호기심이라도 이와같은 죄악을
멀리하게 하시고
불의와는 타협하지 않는 용기를 주시옵소서
주여 늘 깨어 기도하는
우리 ○○이가 되게 도와 주시옵소서

예수 그리스도 이름으로 기도 드립니다 아멘.

분별력 있는 자녀가
되게 하옵소서

듣는 마음을 종에게 주사
주의 백성을 재판하여 선악을
분별하게 하옵소서 (왕상 3:9)

지혜와 명철이 한이 없으신 주님을 찬양합니다
우리 ○○이가 세상적인 것과
주님의 나라를 분별하는 지혜가 충만하게 도와
주옵소서

겉으로는 귀하게 보이지만 썩어지고
변질될 것이 있음을
분별하게 하옵시고 사람들이 눈 여겨 보지 않는
것이라도 소중하고 영원한 것이 있음을
분별하게 도와 주옵소서

이 세상의 부와 명예보다 더 주님을 사랑하고

본받는 자녀가 되게 하옵소서
우리 ○○이가 꼭 배워야 할 것과
배우지 말아야 할 것을
분별하게 하옵시고 좋은 친구와 나쁜 친구도
분별할 수 있게 도와 주시옵소서
우리 ○○이가 양보해야 될 것과
포기하지 말아야 할 것을 분별하게 하옵소서

가장 소중한 것과 가장 먼저 해야 될 것을
분별하게 하옵소서
값싼 동정심과 온전한 용서를 분별하게
도와 주시옵소서

예수 그리스도 이름으로 기도 드립니다 아멘.

치유하여
건강하게 하소서

> 내 이름을 경외하는 너희에게는
> 공의로운 해가 떠올라서 치료하는
> 광선을 비추리니 (말 4:2)

하나님 아버지
오늘 이시간 우리 ○○이의 치유를 위하여
기도드립니다
온 몸에 열이 나고 기침이 심합니다
약을 먹었어도 좀처럼 열이 내리지 않습니다
이마가 불덩이 같이 펄펄 끓습니다
주여 긍휼을 베풀어 주시고 능력의 손을 내밀어
안수하여 주옵소서
주님께서 우리 ○○이를 깨끗이 치료해 주실 줄
믿습니다
복용한 약이 몸에 듣게 하시고
질병을 이길 힘을 ○○이에 더하여 주옵소서

약속의 말씀과 성령님의 능력을 의지 하오니
권능으로 붙들어 주옵소서
여호와 라파 치료자이신 하나님을 믿습니다

하나님 아버지 우리 ○○이가 평소에
건강관리를 잘하게 하옵소서
손발을 잘씻는 습관을 갖게 하시고
편식하지 않고 음식을 골고루 잘 섭취하게
하옵소서
너무 피곤하지 않게 하시며
적당한 운동으로 몸을 잘 가꾸게 하옵소서

예수 그리스도 이름으로 기도 드립니다 아멘.

소금의 역할을
다하게 하소서

> 너희는 세상의 소금이니
> 소금이 만일 그 맛을 잃으면
> 무엇으로 짜게 하리요 (마 5:13)

길과 진리요 생명이신 하나님

주님의 이름으로 기도 하오니

우리 ○○이를 말씀으로 붙들어 주셔서

이 시대의 소금으로 살아가게 하옵소서

소금은 여러 음식에 없어서는 안 될

꼭 필요한 조미료입니다

소금이 없으면 아무리 훌륭한 재료와

양념으로도 진정한 음식 맛을 낼 수 없습니다

우리 ○○이가 어디서든지 꼭 필요한 사람이

되게 하시고 그가 속한 공동체로 하여금

생명이 넘치게 하는 소금이 되게 하옵소서

쉽게 부패되고 썩어질 음식에 소금을 첨가하면
부패를 막아 주듯이 세상의 소금이 되게 하옵소서
소금이 녹아질 때에만 제 역할을 할 수 있음을
압니다
겸손히 녹아져서 적재적소의 위치에서 쓰임을
받게 하옵소서

우리 ○○이가 다수를 따라 악을 행하지 말게
하시고 가난한 자의 잘못을 두둔하는 어리석은
자가 되지 말게 하소서
우리 ○○이가 거짓을 멀리하고
죄 없는 자와 의로운 자를 해하지 않는
공평한 하나님을 닮게 하옵소서

예수 그리스도 이름으로 기도 드립니다 아멘.

보혈의 능력으로 붙들어 주소서

> 그 아들 예수의 피가 우리를
> 모든 죄에서 깨끗하게
> 하실 것이요 (요일 1:7)

우리 주 예수 그리스도 십자가 대속의 은총을
깊이 감사드립니다
사랑하는 ○○이의 머리부터 발끝까지
주의 보혈의 능력으로 안수 하시고 성령으로
기름 부어 주옵소서

피 흘림이 없이는 죄 사함이 없느니라
말씀 하신 하나님 주의 보배로운 피로
○○이의 마음과 영을 깨끗이 씻어 주옵소서
주의 보배로운 피를 ○○이의
육체의 오장육부와 신경조직에 부어 주시고
안수하셔서 건강하게 하옵소서

주의 보배로운 피의 능력으로 ○○이의 삶과
생활을 주장하여 주옵소서
주의 보배로운 피로 죄와 저주에서 해방되고
복의 근원이 되게 하옵소서
우리 죄를 위하여 말할 수 없는 고통과 수치를
당하시고 물과 피를 다 쏟으신 주님을 찬양하고
감사드립니다

주의 보혈로 값 주고 사신 하나님의 자녀를
고아와 같이 버려두지 않으시고
세상 끝날까지 성령으로 함께 하심을 믿습니다
주님의 보배로운 피가 ○○의 힘이되고
능력이 되게 하옵소서

예수 그리스도 이름으로 기도 드립니다 아멘.

기도 체크란 | 날짜 및 체크

마음의 평안을 주소서

마음의 즐거움은 양약이라도
심령의 근심은 뼈를
마르게 하느니라 (잠 17:22)

평안의 근원 되시는 하나님 감사합니다
우리 ○○이가 어느 곳으로 가든지 평강으로
인도하여 주옵소서
어렵고 답답한 일을 만날 때에도 염려하며 근심
하기보다 무거운 짐을 주님께 내려놓고 평강의
주님을 바라보게 하여 주옵소서
악한 원수 마귀는 우리를 도적질하고
죽이고 멸망시키려 합니다
그래서 우리가 불안해 하고 초조해 할 때마다
실망과 절망을 가져다줍니다
하지만 속지 말게 하옵소서
주님의 성령으로 말미암아 ○○이에게

심령 깊은 곳에서 솟아나는 보배보다
더 귀한 평화를 허락하셔서
주님께 영광을 돌리게 하옵소서
하나님 아버지 평강은 성령으로 말미암아
주시는 하나님의 선물임을 믿사옵나이다
이 세상의 재물과 명예는 빼앗길 때도 있지만
주님 주시는 평안은 빼앗을 자가 없음을
알게 하시고 ○○이가 이 평안을 여러 사람에게
나누고 전하는 복된 삶을 살게 하옵소서
하나님 아버지 ○○이를 주님의 날개 아래
품어주셔서 폭풍우가 몰아치고
시험이 닥쳐와도 흔들리지 않는
평강에 평강을 허락하여 주옵소서

예수 그리스도 이름으로 기도 드립니다 아멘.

강하고 담대하게
하옵소서

강하고 담대하라 두려워하지 말며 놀라지 말라
네가 어디로 가든지 네 하나님 여호와가
너와 함께 하느니라 (수 1:9)

세상 끝 날까지 항상 우리와 함께 하시는
주님을 의지하고 경배 드립니다

주님의 능하신 팔로
우리 ○○이를 붙잡아 주셔서
강하고 담대한 주님의 자녀가 되기를
기도드립니다

어렵고 힘든 일이 닥치더라도 쉽게 포기하지 않고 인내하며 담대히 이기게 하옵소서
사람들이 무시하고 놀릴지라도 여유를 가지고
지혜롭게 대처하게 하옵소서

친구들에게 따돌림을 당하더라도
상처 받지 않는 강한 자녀로 자라게 하옵소서
상대의 약점을 악용하지 않으며
오히려 연약함을 보듬어 줄 수 있는
따뜻한 마음을 지닌 자녀가 되게 하옵소서
여호수아와 갈렙 같은 믿음을 더하셔서
저들은 우리의 밥이다 라는 절대 긍정과 믿음의
소유자가 되게 하옵소서

두려워 말며 놀라지 말라 내가 너와 함이니라
마음을 강하게 하고 담대히 하라신 주의 말씀을
마음에 깊이 새기게 하옵소서

예수 그리스도 이름으로 기도 드립니다 아멘.

다니엘을 닮게 하소서

> 그렇게 하지 아니하실지라도
> 왕이여 우리가 왕의 신들을
> 섬기지도 아니하고 (단 3:18)

하나님 아버지 포로된 신분으로 우상에 타협하지 않고 주님만 바라보고 하루 세 번씩 기도한 다니엘을 기억하며 기도 드립니다
우리 ○○이가 다니엘을 본받는 굳건한 신앙을 소유하게 하옵소서
세상의 달콤한 유혹이 다가와도 흔들리거나 타협하지 않게 하옵소서
세상적인 손해를 감수하더라도 주님을 의지할 때 다니엘과 친구들의 얼굴은 빛나는 모습이었습니다
우리 ○○이의 얼굴이 항상 기쁨과 소망이 넘치는 빛나는 모습이길 원합니다

절대권력 앞에서도 굴하지 않고 우상에게 절하지 않으며 신앙의 본을 보인 것처럼 말씀의 기초가 든든한 뿌리 깊은 신앙인이 되게 하옵소서
사자굴 안에서 다니엘을 주님의 능력으로 붙드신 것처럼 우리 ○○이를 주의 능력으로 붙드시고 이끌어 주옵소서
뜨거운 풀무불의 위협에도 주님이 함께하심을 믿고 타협하지 않은 다니엘처럼 오직 주님만을 의지하는 ○○이가 되게 하옵소서

더 나아가 풀무불에서 구원해주지 않을지라도 우상에게 절하지 않는 세상이 감당치 못하는 신앙의 소유자가 되게 하옵소서

예수 그리스도 이름으로 기도 드립니다 아멘.

다섯 번째 자녀축복 *key word*

유태인의 자녀교육

01. 남과 다르게 생각하라
02. 듣는 것보다 말하는 것이 더 중요하다
03. 머리를 써라
04. 지혜가 뒤지는 사람은 매사에 뒤진다
05. 배움은 벌꿀처럼 달다

06. 싫으면 그만두라 그러나, 하려면 최선을 다하라
07. 아버지의 권위는 자녀들의 정신적 기둥이다
08. 자선행위를 통해 사회를 배운다
09. 배움을 중지하면 20년 배운것도 2년 내에 잊게 된다
10. 상상력에도 한계는 있다

11. 추상적 사고는 신에 대해 생각하는 것으로부터 비롯된다
12. 은은 무거워야 하나 무겁게 보여서는 안된다
13. 형제간의 두뇌 비교는 둘을 다 해치지만 개성의 비교는 둘을 살린다
14. 내것, 네것, 우리 것을 구별시킨다
15. 이야기나 우화의 교훈은 어린이 자신이 생각토록 한다

16. 노인을 존경하는 마음은 아이들의 문화적 유산이다
17. 잠들기 전에 책을 읽어주거나 얘기를 들려준다
18. 오른손으로는 벌을 주고 왼손으로는 껴안아준다
19. 심한 꾸지람을 했더라도 재울 때는 다정하게 대한다

20. 제한된 시간 내에 마치는 습관을 길러준다

21. 평생을 가르치려면 어릴 때 마음껏 놀게 하라
22. 가정교육에서 좋지 못한 것은 서슴없이 거절한다
23. 조상의 이름을 통해 가족의 맥을 일깨워 준다
24. 친절을 통해 아이를 지혜로운 인간으로 키운다
25. 세대가 다른 여러 사람과 친밀하게 접촉하라

26. 친구를 선택할때는 한 계단 올라서라
27. 아이들끼리 친구라고 해서 그 부모들까지 친구일 수는 없다
28. 용돈을 줌으로써 저축하는 습관을 길들인다
29. 기회 있을 때마다 민족의 긍지를 심어준다
30. 남한테 받은 피해는 잊지 말라, 그러나 용서하라

31. 돈으로 선물을 대신하지 말라
32. 음식에 대해 감사드리는 것은 곧 신에 대해 감사드리는 것과 마찬가지이다
33. 성 문제는 사실만을 간결하게 가르친다
34. 어릴 적부터 남녀의 성별을 자각시킨다
35. 텔레비전의 폭력 장면은 보여주지 않지만, 다큐멘터리 전쟁영화는 꼭 보여준다
36. 자녀에게 거짓말을 하여 헛된 꿈을 갖게 하지 않는다
37. 가족 모두가 모이는 식사시간을 활용한다
38. 최고의 벌은 침묵이다
39. 협박은 금물이다, 벌을 주든 용서를 하든지 하라
40. 자녀들의 잘못은 매로 다스린다

6부
영적 성숙을 위한 기도

주님께서 아버지 하나님께 온전히 순종하신 것처럼

저희들도 몸과 마음을 다하여 주님을 순종하게 하옵소서

죄악으로 말미암아 버림받고

멸망받아 마땅한 저희들을 용납 하시고

온유함으로 감싸안으심 같이 저희들도 형제와 이웃을 용서하고

품을 수 있는 주님의 마음을 허락 하옵소서

어린아이 같은 순전한 마음으로 주님께 나아가는

우리 ○○이가 되게 하옵시고

주님의 마음을 닮아가게 하옵소서

주님과 동행하게
하옵소서

> 내가 사망의 음침한 골짜기로 다닐지라도
> 해를 두려워하지 않을 것은
> 주께서 나와 함께 하심이라 (시 23:4)

세상 끝날까지 항상 우리와 함께 하시는 하나님, 우리 ○○이를 붙들어 주셔서
○○이의 마음속에 늘 주님을 모시고 의지하는 믿음의 사람이 되게 하옵소서
부모인 저 자신도 항상 ○○이와 함께 할 수 없음을 고백합니다
가까운 친구라도 때로는 멀리할 수 있음에 상처를 입을 수 있습니다.
선생님도 ○○이의 마음을 잘 헤아려서
보호하지 못 할 때도 있습니다
이처럼 홀로 있음을 느끼며 상처받기 보다는
힘들고 고통스러울 때도 오직 기도하게 하시고

언제나 주님이 함께 계심을 기억하게 하옵소서
더 나아가서 기쁘고 즐거울 때에도
주님이 함께 하심을 잊지 않게 하옵소서
○○이의 인도자가 되시고 ○○이의 앉고
일어서심을 아시는 주님을 찬양합니다
주님께서 항상 함께 하시기에 ○○이가
자긍심을 가지고 승리의 삶을 살게 하옵소서
또한 우리 ○○이가 위에 있고 아래 있지 않게
하시며 머리가 되고 꼬리가 되지 않도록
주님께서 복을 주시옵소서
하나님 부모 된 저 자신이 기도로 본을 보이게
하시고 ○○이에게 믿음의 사람 에녹같이 주님
과 함께 늘 동행하는 은총을 허락하여 주옵소서

예수님의 이름으로 기도 드립니다 아멘.

기쁨의 사람이
되게 하소서

주 안에서 항상 기뻐하라
내가 다시 말하노니 기뻐하라
(빌 4:4)

우리의 기쁨 되시고 소망이신 하나님 아버지
하나님이 이루어 주시는 기도 응답보다
하나님 자체가 우리의 기쁨인 것을 고백합니다
하나님 우리 ○○이가 하박국 선지자처럼
기쁨의 사람이 되게 하옵소서

무화과 나무 잎이 마르고 포도 열매가 없으며
우리에 양떼가 없고 외양간에 송아지가 없으며
논밭에 식물이 없어도 난 여호와로
즐거워 하리라고 고백한
위대한 하나님의 사람을 본받게 하옵소서
이 같은 기쁨은 세상이 줄 수 도 없고

세상이 감당할 수도 없음을 고백합니다
우리 ○○이에게 이와 같은 기쁨을 허락하시고
어느 곳에서나 기쁨의 근원이 되시는
예수님을 전하므로 하나님께 영광을
돌리게 하옵소서

어렵거나 슬플 때에도 주님을 바라보면
언제든지 주님이 주시는 기쁨이 샘솟게 하옵소서
우리 ○○이가 세상과 환경을 바라보기보다
주님만을 바라보는
주바라기가 되게 하옵소서
진정한 기쁨과 소망이 되신

예수 그리스도 이름으로 기도 드립니다 아멘.

복 있는 사람이 되게 하옵소서

네가 네 손이 수고한 대로 먹을 것이라
네가 복되고 형통하리로다
(시 128:2)

만복의 근원이 되신 하나님 아버지
우리 ○○이가 복있는 사람이 되기를 원합니다
먼저 마음과 뜻과 정성을 다하여
하나님을 경외하게 하옵시고
하나님의 말씀을 주야로 묵상하며 실천하는
믿음의 복과
영혼이 잘됨같이 범사에 하나님의 인도함을 받는 복을 허락하여 주옵소서

우리 ○○이가 가는 곳마다 복이 임하므로
복 있는 사람이 되게 하옵소서
먼저 주님의 나라와 그 의를 구하므로

이 땅에서도 부족함이 없게 하시고
모든 것이 넉넉하여 모든 착한 일에 부족함 없는 삶을 살게 하여 주옵소서

나누어 주고 베풀며 섬기는 복과 육체적으로도
건강을 주셔서 피곤치 않게 하옵소서
건강할 때 건강을 잘 지키는 지혜와
재정을 잘 관리하고 사용할 줄 아는 지혜의
복을 허락하여 주옵소서
무엇보다 하나님의 나라를 기업으로 상속받는
주님의 자녀 되는 권세의 복을 주심을
감사 드립니다

예수 그리스도 이름으로 기도 드립니다 아멘.

빛의 자녀로
살게 하옵소서

> 너희 빛이 사람 앞에 비치게 하여
> 그들로 너희 착한 행실을 보고 하늘에 계신
> 너희 아버지께 영광을 돌리게 하라 (마 5:16)

길이요 진리요 생명 되신 주님을 찬양하며
의지합니다

사랑하는 우리 ○○이를 붙들어 주셔서
빛의 자녀가 되게 하여 주옵소서

주님 가신 곳곳마다 구원의 빛이 비추이듯
우리 ○○이가 속한 곳마다 밝고 맑고 환하게
도와 주옵소서
주님 가신 곳곳마다 치유의 손길이 임하듯
우리 ○○이가 함께하는 곳에 문제가 해결되고
화평하게 하옵소서

주님 가신 곳곳마다 소망과 생명이 넘치듯이
우리 ○○이를 통하여 주님의 사랑이 증거되고
꿈이 실현되게 하옵소서

우리 ○○이가 말씀과 성령으로
충만하지 않고서는
빛의 자녀로 살 수 없음을 고백합니다
늘 깨어 무릎으로 승리하는 빛의 자녀가 되게
하옵소서

예수 그리스도 이름으로 기도 드립니다 아멘.

주님을 영접하고
의지하게 하옵소서

> 영접하는 자 곧 그 이름을 믿는 자들에게는
> 하나님의 자녀가 되는
> 권세를 주셨으니 (요 1:12)

하나님이 세상을 이처럼 사랑하사 독생자 예수
그리스도를 보내 주심을 감사드립니다
우리 ○○이가 어려서부터 예수님만이 길이요
진리요 생명이시며 인류의 구원자 되심을 믿고
주님을 영접하게 하심을 감사드립니다

우리 ○○이가 세상의 많은 지식과 학문을
배우고 익혀서
어둠을 밝히는 주의 도구로 사용하여 주옵소서
하지만 세상의 지식과 종교는 유익할지라도
구원은 가져다줄 수 없음을 ○○이가
알게 하옵소서

어두움의 거짓 영과 미혹케 하는 세상 임금에게
○○이가 현혹되지 않게 하시고
영원 전부터 영원까지 존재 하시고
진리 되신 주님만을 의지하는 ○○이가
되게 하옵소서
성령으로 말미암아 십자가 위에서 피 흘리시고
저희 죄를 대속하신 주님의 은총을 ○○이에게
덧입혀 주심을 감사 드립니다

그 아들을 주신 자가 그 아들과 함께 무엇을
너희에게 주시지 않겠느냐 하신 좋으신 주님을
날마다 바라보는 ○○이가 되게 하옵소서

예수 그리스도 이름으로 축복하며
기도 드립니다 아멘.

주님께 가까이
다가서게 하옵소서

> 너희는 내게 배우고 받고 듣고
> 본 바를 행하라 그리하면 평강의 하나님이
> 너희와 함께 계시리라 (빌 4:9)

하나님 아버지 저희를 구원해주시고
사랑으로 감싸 주심을 마음깊이 감사 드립니다

사랑하는 우리 ○○이를
주님의 자녀 삼아 주시고
주님의 능력으로 붙들어 주심을 감사 드립니다
주님 믿음의 사람은 항상 주님께 가까이
나아가야 함을 믿습니다
주님께 가까이 하지 않고 주님과의 간격이 멀어
지면 마귀가 틈타서 불신앙을 조장하고
여러 가지 더러운 생각과 부정적인 마음을 가져
다 줍니다

그러므로 우리 ○○이가 시간을 정해 놓고 말씀과 기도로 주님께 가까이 하게 하옵소서
성령님의 능력으로 늘 품어 주시고 강한 팔로 붙들어 주옵소서
주여 믿는 자라도 주님을 멀리하면 심령이 둔해지고 교만해질 수밖에 없음을 고백합니다
교만은 패망의 선봉이요 넘어짐의 앞잡이라고 말씀하신 주님
그러나 주님께 가까이 나아가면 죄가 드러나고 회개하므로 주님의 성결케 하시는 은총을 허락하심을 믿습니다
주여 순간순간마다 우리 ○○이가 주님께 가까이 나아가는 은총을 덧입혀 주옵소서

예수님의 이름으로 축복하며 기도 드립니다 아멘.

감사의 삶을 살게 하소서

> 아무 것도 염려하지 말고 다만 모든 일에
> 기도와 간구로 너희 구할 것을 감사함으로
> 하나님께 아뢰라 (빌 4:6)

우리의 기쁨과 감사의 근원되신
하나님을 찬양합니다.
우리 ○○이가 범사에 감사하는 자녀가 되게
하옵소서
감사의 조건이 많아서가 아니라 어려울 때에도
주의 말씀에 순종하여 감사하게 하옵소서

공부할 수 있는 여건과 건강 주심을 감사하고
부모와 형제를 인하여 감사드리며
선생님과 친구들을 인하여 감사하고
배워가는 즐거움을 인하여 감사드리게
하옵시고 주님의 인도 하심과 섭리를 감사하는

성숙된 하나님의 자녀되게 하옵소서
이 세상에는 우리가 상상하지 못한 고통을 당하는
사람들이 많이 있음을 압니다
거기에 비하면 우린 너무 행복합니다
주를 믿는 저희에게도 고통과 어려움은
다가옵니다.
하지만 힘들고 지칠 때 원망과 불평을
일삼으면 자신은 물론 남에게 피해를 주지만
어려움마저도 감사하면 모든 것이 합력하여
선을 이루어 주심을 믿습니다
우리 ○○이가 감사로 제사를 드리는 자가
하나님을 영화롭게 하신다는 약속의 말씀을
가슴 깊이 새기며 승리하게 하옵소서

예수 그리스도 이름으로 기도 드립니다 아멘.

죄악을 멀리하게 하소서

> 자기의 죄를 숨기는 자는 형통하지 못하나
> 죄를 자복하고 버리는 자는 불쌍히
> 여김을 받으리라 (잠 28:13)

온전히 의로우신 하나님
우리 ○○이가 죄악을 멀리하게 하옵소서
주님은 죄악을 기뻐하지 않으시며 악인이
주님과 함께 거하지 못함을 확실히 믿습니다

○○이가 의와 정직을 기뻐하며 주의 성전에
나아가기를 기뻐하게 하옵소서
교만한 자 또한 주의 목전에 서지 못하며
행악자를 미워하시는 하나님
우리 ○○이가 겸손하고 낮아지게 하옵소서
주님께서는 거짓말하고 속이는 자를 멸시하며
싫어 하시오니

정직하고 성실함으로 인정받게 하옵소서
○○이가 아첨하는 자와 말을 함부로 하고
가볍게 여기는 자를 멀리하게 하시며
거짓을 말하지 않으시고 말씀 하신 것을
다 이루시는 하나님을 본받아 신실한 자녀가
되게 하옵소서
주여 악인들을 자기 꾀에 빠지게 하시고
멀리 쫓아내시옵소서
의인에게는 복을 주시고 은혜를 베풀어 주심을
감사 드립니다
○○이가 주의 이름을 즐거워하게 하시고
주의 보호하심 가운데 영영히 기뻐 외치게
하옵소서

예수 그리스도 이름으로 기도 드립니다 아멘.

모세를 닮게 하소서

이 사람 모세는 온유함이
지면의 모든 사람보다 더하더라
(민 12:3)

살아계신 하나님

혈기 많았던 모세를 깨뜨리시고 연단하셔서

주의 도구로 사용하여 주심을 감사 드립니다

하나님 아버지 모세는 이 세상 어떤 누구보다

더 온유하고 겸손한 사람으로 변화 되었습니다

우리 ○○이도 주님께서 붙드시고

다스려 주셔서 주의 도구로 사용하여 주옵소서

주님께서 얼굴을 맞대고 모세를 대하며

그를 통하여 주의 뜻을 선포하신 것처럼

주여 ○○이에게도 모세와 같이 겸손하며

주님과 긴밀한 관계를 가지게 하옵소서

하지만 모세가 자신의 젊음과 능력만을 의지할

때에는 비참하고 어이없는 실패를
경험하기도 했습니다
우리 ○○이는 모세의 삶을 거울삼아
하나님의 뜻보다 자신의 생각과 감정을 앞세우지
말게 하시고 어리석음을 범하지 않게 하옵소서
하나님 모세가 이 세상의 지혜자를 찾아 조언을
구하기 보다 조용히 하나님께 나아가 응답을
받기까지 인내하며 기다린 것처럼
○○이도 주님의 뜻과 확실한 음성을 듣기까지
조급하지 말고 인내하게 하옵소서
낮에는 구름기둥으로 밤에는 불기둥으로
모세와 이스라엘 백성을 인도하신 것처럼
○○이의 삶을 인도하시고 복 주시옵소서

예수 그리스도 이름으로 기도 드립니다 아멘.

예수님을 닮게 하옵소서

> 인자가 온 것은 섬김을 받으려 함이 아니라
> 도리어 섬기려 하고 자기 목숨을 많은 사람의
> 대속물로 주려 함이니라 (막 10:45)

진리의 영이신 성령 하나님을 통하여 예수님을
알게 하시고 그분을 영접하여 주님의 자녀가 되
며 주님을 닮아가게 하심을 감사드립니다
우리 ○○이가 주님의 가르침에 마음을 다하여
귀를 기울이게 하시고 주님의 발자취를 따라
살아가게 하옵소서
예수님은 근본 하나님의 본체시나
낮은 자로 오셔서 저희들을 섬기신 것처럼
우리 ○○이도 낮아지고 겸손함을 배우게
하옵소서
주님은 가난하고 병들고 소외된 자의 이웃이
되시고 고통 받으며 절망에 처한 자에게

소망 되시고 생명 되심을 믿습니다
○○이도 주님을 본받아 사랑을 실천하며
살아가게 하옵소서
하지만 이기적이고 너무 부족하오니
주님의 성령으로 붙잡아 주옵소서
주님께서 아버지 하나님께 온전히 순종하신 것
처럼 저희들도 몸과 마음을 다하여
주님을 순종하게 하옵소서
죄악으로 말미암아 버림받고 멸망받아 마땅한
저희들을 용납 하시고 온유함으로 감싸안으심
같이 저희들도 형제와 이웃을 용서하고
품을 수 있는 주님의 마음을 허락 하옵소서

아름답고 신실하신 예수님의 이름으로
기도합니다 아멘.

여섯 번째 자녀축복 *key word*

자녀의 영적 성숙을 위한 일곱 가지 조건

모든 성장에는 일정한 조건이 필요하다. 하물며 자녀의 영적 성장의 부분임에야 두말할 필요가 없다. 이를 위해서 부모들이 어떤 마음가짐과 준비로 도움을 주어야 하는지 알아보자.

1. 부모와 자녀의 대화시간이 충분한가

무조건 야단만 치고 꾸짖는 부모는 아닌지 돌아보자. 과연 내 아이와 나는 충분한 대화를 갖고 있는가. 아이들은 부모의 사랑을 통해 성장한다. 이러한 사랑은 말을 통해 전해진다. 지금이라도 당장 자녀와의 대화시간이 적절한 지 알아보자.

2. 침묵과 집중의 시간이 있는가

스스로를 돌아보고 내면을 채울 수 있는 침묵의 시간과 새로운 것을 향해 몰두할 수 있는 집중의 시간이 필요하다. 이를 위해 주위가 잘 정돈돼 있는지 돌아보자.

3. 갈등이 잘 해결돼 있는가

어른과 같이 아이들의 세계에도 갈등이 존재한다. 자녀의 영적 성숙을 방해하는 요인으로 주변인과의 갈등을 들 수 있다. 다툼이 생기면 빨리 화해하고 풀 수 있도록 도와주도록 하자.

4. 억울함이 없는가

자녀가 잘못된 행동을 했을 때 부모는 더욱 신중해져야 한다. 벌을 주는 것이 납득이 될 때 비로소 자녀는 부모의 권위와 자신의 잘못을 인정하게 된다.

5. 부모가 모범이 되고 있는가

부모는 자녀의 거울이다. 과연 자녀들의 눈에 비쳐진 부모의 모습은 모범적인지 살펴볼 필요가 있다. 지금 부모의 모습이 바로 그 자녀의 미래이기 때문이다.

6. 신앙의 멘토가 있는가

자녀들에게 있어서 신앙의 멘토는 그 누구보다 중요하다. 영적으로 성숙해지기 전까지 자신을 이끌어 줄 리더가 필요하다. 가까운 친지나 선배도 좋고 선생님도 좋다. 신앙의 멘토를 세워주자.

7. 기도하는 가족인가

가정에서의 예배가 필요하다. 가정에서 드리는 예배야말로 살아있는 기독교 교육이다. 또한 하나님께서 가장 기뻐하시는 산제사이다.

7부
믿음의 자녀를
위한 기도

주님이 쓰시기에 합당한 모습으로 성장하며
준비되게 해주심을 감사드립니다
믿음의 조상 아브라함이 복의 근원이 된 것처럼
우리 ○○이가 믿음의 사람이 되며 축복의 통로가 되게 하옵소서
가정에서 부모와 형제에게 축복의 통로가 되게 하옵소서
친구들과 학교에서도 신뢰받을 뿐 아니라 투철한 모범생으로 되게 하시고
직장과 사회에서도 인정받는 축복의 통로가 되게 하옵소서
국가와 세계를 위해서도 쓰임받는 축복의 통로가 되게 하옵소서
이와 같이 축복의 통로가 되기 위하여
온전히 깨어지고 낮아지며 주의 긍휼하심을 사모하는 자가 되게 하시고
주님께서 ○○이를 다스려 주옵시고
주님의 능력의 손으로 붙들어 주옵소서

기도의 용사가 되게 하옵소서

> 나는 너희를 위하여 기도하기를
> 쉬는 죄를 여호와 앞에 결단코
> 범하지 아니하고 (삼상 12:23)

우리의 기도를 들으시고 우리에게 복 주시기를
원하시는 좋으신 하나님 감사 드립니다
사랑하는 우리 ○○이를 인도 하시고
붙잡아 주셔서 하나님의 사람,
기도의 사람이 되게 하옵소서
○○이가 기도함으로 하나님의 크신 사랑을
체험하게 하시고 나의 나 된것은
오직 주의 은혜임을 고백하는
○○이가 되게 하옵소서
주님과의 친밀함 속에서 범사에 주님을
인정하고 모셔 들이고 의지하는
기도의 사람이 되게 하옵소서

구하라 주실 것이요 찾으라 찾을 것이요
문을 두드리라 그리하면 열릴 것이니라
말씀하신 하나님 우리 ○○이가
주의 말씀에 합당한 기도의 용사가 되게 하옵소서
세상은 점점 어두워지고 혼돈과 무질서가
난무합니다

이럴 때일수록 더욱 깨어서 기도하는 기도의
용사가 되어 세상에 빛을 비추는
그리스도의 사람이 되게 하옵소서
사무엘 같은 기도의 사람, 다윗과 같은 기도의
사람, 조지 뮬러 같은 기도의 사람이 되도록
능하신 손으로 우리 ○○이를 안수하여 주옵소서

예수님의 이름으로 기도 드립니다 아멘.

말씀으로 충만케 하소서

주의 말씀은 내 발에 등이요
내 길에 빛이니이다
(시 119:105)

말씀으로 천지를 창조하신 전능하신 하나님을
찬양드립니다

사랑하는 우리 ○○이가 하나님의 말씀을
날마다 묵상하게 하셔서
하나님이 어떤 분이신지 깨달아 알게 하시고
어려서부터 성경적 가치관을 마음에 새기게
도와 주시옵소서
말씀으로 ○○이의 영혼을 살찌우게 하시며
말씀의 능력을 체험하게 하소서
시대가 바뀌고 사상도 바뀌고 천지가 바뀔지라도
세세토록 변함이 없으신 하나님의 말씀만을

의지하는 ○○이가 되게 하옵소서
진리의 말씀 안에서 하나님의 사랑을 깊이
깨닫게 하시고 그 말씀을 삶 가운데 적용하므로
열매 맺는 자녀 되게 하소서
보배보다 귀한 말씀이 주는 기쁨과 위로와
소망으로 ○○이를 늘 붙들어 주시고
세상의 지식이 아무리 훌륭 하더라도
하나님의 말씀보다 고상할 수 없음을
알게 하소서
말씀으로 세상을 분별하게 하시고
또한 이기게 하소서

말씀이 육신이 되신 예수 그리스도 이름으로
기도 드립니다 아멘.

순종하게
하소서

> 순종이 제사보다 낫고
> 듣는 것이 숫양의 기름보다 나으니
> (삼상 15:22)

세상에서 우리를 가장 잘 아시고
바른 길로 인도하시는 선한 목자되신 하나님
감사합니다
사랑하는 우리 ○○이가 주님을 순종하는
자녀가 되기를 기도 드립니다
순종이 제사보다 낫고 듣는 것이
수양의 기름보다 낫다고 말씀하신 하나님
우리 ○○이가 순종이 무엇인지 올바로
배우게 하시고
하나님의 말씀에 절대 순종하는 자녀로 훈련
되어지게 하소서
우리 ○○이가 먼저 하나님의 음성을 듣고 분별

하는 법을 배워서 하나님과 사람 앞에서 귀하게
쓰임 받게 하여 주옵소서
우리 ○○이가 부모에게 순종하고 선생님께
순종하고 위로부터의 권위에 순종하는
지혜로운 사람이 되게 하소서

주님은 너무나 고통스러운 죽음을 앞두고도
내 뜻대로 마옵시고 아버지의 뜻대로 하옵소서
라고 순종하며 기도 하였습니다
하나님 아버지께 순종하신 주님을
우리 ○○이가 본 받게 하옵소서

살아 계신 예수 그리스도 이름으로
기도 드립니다 아멘.

믿음의 사람이
되게 하옵소서

믿음은 바라는 것들의 실상이요
보이지 않는 것들의 증거니
(히 11:1)

믿음이 없이는 기쁘시게 못하나니
하나님께 나아가는 자는 반드시 그가 계신 것과
또한 그가 자기를 찾는 자들에게 상 주시는
이심을 믿어야 할지니라 라고 말씀하신 하나님

우리 ○○이가 믿음의 사람이 되어
주님을 기쁘시게 하는 주의 자녀가 되기를
기도합니다
언제 어디서든지 항상 하나님이 함께 계신 것을
믿게 하옵시고
이 세상의 보이는 모든 것은
하나님의 말씀으로 지어졌으며

믿음의 눈으로 먼저 보았기 때문에
생겨난 것임을 알게 하옵소서

우리 ○○이가 할 수 있거든이 무슨 말이냐
믿는 자에게는 능치 못함이 없다 라고 하신
말씀을 붙들고 절대로 포기하지 말게 하옵소서
네 입을 넓게 열라 내가 채우리라 말씀하신
하나님 더 큰 믿음과 더 큰 생각을 소유한
하나님의 자녀가 되게 하옵소서
눈에는 아무것도 보이지 아니하고
귀에는 아무소리 안들리고 손에는 잡히는 것
없어도 오직 주님의 말씀만을 의지하는 믿음의
자녀가 되게 하옵소서

예수 그리스도 이름으로 기도 드립니다 아멘.

기도 체크란	날짜 및 체크								

성령 충만하게 하옵소서

오직 성령이 너희에게 임하시면
너희가 권능을 받고
(행 1:8)

성삼위 일체되신 주님을 찬양합니다
하나님 우리에게 성령 하나님을 보내 주셔서 감사합니다

○○이가 성령 충만함으로 말미암아 믿음으로 승리하며
십자가의 대속의 은총을 믿지 않는 친구들에게
널리 전하는 주님의 자녀로 성장하게 하옵소서
주님께서는 졸지도 않으시고 주무시지도
않으시며 우리의 앉고 일어서심을 아십니다

우리 ○○이를 눈동자 같이 보살펴 주시고

매 순간 기도함으로 성령의 음성을 듣는 자녀가
되게 하옵소서

우리 ○○이가 성령 충만함으로 욕심과 죄를
이기며 세상을 이기게 하옵소서

또한 성령 충만함으로 능력을 더 하셔서
주의 영광을 드러내는 도구 삼아 주옵소서
사랑과 화평과 온유와 절제 등 성령의
아홉 가지 열매로 복음의 빛을 비추게 하시고
하나님을 닮은 사람 하나님이 함께 하는 사람으
로 만백성이 알게 하옵소서

예수 그리스도 이름으로 기도 드립니다 아멘.

주의 보좌 앞에 나아가게 하옵소서

너희가 내게 부르짖으며 내게 와서 기도하면
내가 너희들의 기도를 들을 것이요
(렘 29:12)

우리의 기도를 들으시는 주여 감사드립니다
우리 ○○이가 기도의 사람이 되기를 원합니다
기쁠 때나 어렵고 슬플 때 주의 보좌 앞으로
나아가는 기도의 사람이 되게 하옵소서

주님 저희들은 어리석고 실수가 많습니다
상처받기 쉬운 연약한 존재임을 고백합니다
그러므로 언제나 주님의 따뜻한 손길이
필요합니다
주님께서 붙잡아 주시고 어루만져 주시옵소서
피곤하고 지칠때 주님께 나아가면
평안과 쉼을 주시기에

주의 보좌 앞에 달려가는
우리 ○○이가 되게 하옵소서
여러 가지 바쁘다는 핑계를 하기보다
우선하여 주의 전을 찾는 기도의 사람이 되게
하옵소서

우리 ○○이가 습관적으로 주의 보좌 앞에 나아
가는 기도의 사람이 되기를 간절히 축복하며
기도 드립니다
기도의 사람 사무엘을 본받아
기도를 쉬는 죄를 범하지 않게 하옵시고
주님이 쓰시기에 합당한 도구 삼아 주옵소서

예수 그리스도 이름으로 기도 드립니다 아멘.

남을 함부로 비판하지 말게 하소서

> 어찌하여 형제의 눈 속에 있는 티는 보고
> 네 눈 속에 있는 들보는 깨닫지 못하느냐
> (마 7:3)

우리의 허물을 보지 않으시고
사랑으로 감싸주시는 하나님 감사합니다
우리 ○○이를 품어 주시고 주님을 닮아가게
하옵소서

대다수의 사람들은 어리석어서 자신의 들보는
보지 못하고
남의 눈속의 티만 보고 비판을 가합니다
자신의 기준으로 남을 보면 다들 부족해 보이고
마음에 흡족할 수 없습니다
그러나 사람은 어느 누구도 완전하지 못하며
죄로 인한 연약함으로 말미암아 실수하고

상처를 입히게 됩니다
우리 ○○이는 상대의 단점보다 장점을
바라보고
비판하기보다 칭찬을 더 많이 하는
온유한 사람이 되게 하옵소서
부득이 상대의 발전을 위해서 조언할 때에도
지혜를 주셔서 신중을 기하게 하시고
마음을 다하게 하옵소서
하나님 아버지 사람을 비판하고 판단할 권리는
오직 하나님께만 있음을 우리 ○○이가 확실히
알게 하옵소서

예수 그리스도 이름으로 기도 드립니다 아멘.

부모를 공경하게 하소서

자녀들아 주 안에서
너희 부모에게 순종하라
이것이 옳으니라 (엡 6:1)

우리 하나님 아버지 저희들을 예수 그리스도로 거듭나게 하시고
주의 자녀 삼아 주시니 감사합니다
우리 ○○이가 부모를 공경하는 하나님의 자녀가 되게 하옵소서
부모를 공경하는 자에게 땅을 기업으로 주신다고 말씀하신 하나님의 은혜가 ○○이에게 임하게 하옵소서
시대가 빠르게 변하고 다양해져서 부모들이 자녀들의 문화를 다 이해하지 못할 때가 많습니다
그렇다 해도 온유하고 겸손함으로 부모를 공경하게 하옵소서

피를 나눈 부모와 자녀의 관계가 가까울수록
예의를 다하고 함부로 하지 않게 하옵소서

효도는 어렵고 큰것이 아니라 부모에게 걱정을
끼치지 않으며 부모의 마음을 기쁘게 하고
자녀가 올바른 사람이 되는 것입니다
부디 저희의 자녀가 그 뜻을 바르게 이해하고
실천하게 해주옵소서
부모인 저희들또한 사랑으로 자녀를 잘 지도하
고 이끌어갈 수 있게 해주옵소서
또한 지혜로 훈계하며 본이 되는 삶을 살게
하옵소서

예수 그리스도 이름으로 기도 드립니다 아멘.

물질을 잘 다스리게 하소서

여호와께서 주시는 복은 사람을 부하게 하고
근심을 겸하여 주지 아니하시느니라
(잠 10:22)

사랑이 많으시고 부족함이 없으신 하나님
감사합니다.
우리 ○○이에게 주님의 허락하신 복 가운데
물질의 복을 허락하시고
부족함이 없도록 풍성하게 하옵소서
물질을 잘 관리하며 다스릴 수 있도록 지혜를
주시고 물질을 통하여 하나님을 섬기는 법을
배우게 하소서
○○이가 하나님 보다 물질을 더 사랑하는
어리석음을 범치 않게 하시고
물질의 쓰임을 바로 알아 나눔을 실천하는 삶을
살도록 인도하여 주옵소서

그리고 나눔을 통하여 진정한 행복과 가치를
발견하게 하옵소서

○○이가 재물을 모을 때에도 탐하는 마음을
버리게 하시고 깨끗하지 못하고 정당하지 못한
재물에는 결코 소망을 두지 말게 하옵소서
주님이 주신 물질을 땅에 묻어 썩이지 말게
하시고 하늘 곳간에 쌓는 복 있는 사람 되게
하옵소서

아브라함에게 주신 복을 ○○이에게 주시고
주의 사랑 안에서 자신감을 가지고
승리의 삶을 살도록 축복하여 주옵소서

예수 그리스도 이름으로 기도 드립니다 아멘.

축복의 통로가 되게 하소서

> 내가 너로 큰 민족을 이루고
> 네게 복을 주어 네 이름을 창대하게 하리니
> 너는 복이 될지라 (창 12:2)

복의 근원되신 하나님 주의 은혜로
우리 ○○이를 주의 자녀 삼으심을 감사드립니다
날이 갈수록 키가 자라고 지혜가 자라며
주님을 닮아가게 하심을 감사드립니다

주님이 쓰시기에 합당한 모습으로 성장하며
준비되게 해주심을 감사드립니다
믿음의 조상 아브라함이 복의 근원이 된 것처럼
우리 ○○이가 믿음의 사람이 되며
축복의 통로가 되게 하옵소서
가정에서 부모와 형제에게 축복의 통로가
되게 하옵소서

친구들과 학교에서도 신뢰받을 뿐 아니라
투철한 모범생이 되게 하시고
직장과 사회에서도 인정받는 축복의 통로가
되게 하옵소서

국가와 세계를 위해서도 쓰임받는
축복의 통로가 되게 하옵소서
이와 같이 축복의 통로가 되기 위하여
온전히 깨어지고 낮아지며 주의 긍휼하심을
사모하는 자가 되게 하시고
주님께서 ○○이를 다스려 주옵시고
주님의 능력의 손으로 붙들어 주옵소서

예수 그리스도 이름으로 축복하며
기도 드립니다 아멘.

노아를 닮게 하소서

> 노아는 의인이요 당대에 완전한 자라
> 그는 하나님과 동행하였으며
> (창 6:9)

하나님 아버지 오늘은 우리 ○○이가
주님의 말씀에 순종하여 구원의 방주를 지은
노아의 신앙을 배우게 하옵소서

많은 사람들이 노아를 비웃고 정신 나간 사람이
라고 놀렸지만 그는 꿈쩍도 하지 않았습니다
그가 하나님의 말씀을 들었기 때문이며
노아는 실천하는 신앙인 이었습니다
우리 ○○이도 주님의 말씀을 듣고
주의 뜻을 분별하여
자신의 소명을 묵묵히 감당하게 하옵소서

만약 노아가 소신을 가지고 오랫동안 인내하지
않았다면 방주를 완성하지 못했을 것입니다
우리 ○○이도 노아를 통하여 인내하는 법을
배우며 세상과 구별된 삶을 살게 하옵소서

노아에게 명하여
모든 동물의 암수를 보존하게 하시고
거대한 방주를 만들 수 있는
지혜를 주신 하나님
○○이를 축복하사 자연을 잘 보존하고 가꾸게
하옵시고
큰 꿈을 펼칠수 있도록 지혜와 능력을 더하여
주옵소서

예수 그리스도 이름으로 기도 드립니다 아멘.